Ênio Silveira

Engenheiro mecânico pela Universidade Federal do Ceará – UFC.
Engenheiro eletricista pela Universidade de Fortaleza – Unifor.
Diretor pedagógico do Sistema ATS de Ensino.
Professor de Matemática e Física em escolas particulares do estado do Ceará.

MATEMÁTICA

Caderno de Atividades 3

5ª edição

© Ênio Silveira, 2019

Coordenação editorial: Mara Regina Garcia Gay
Edição de texto: Iasmin Ferreira Silva, Paulo César Rodrigues dos Santos
Gerência de *design* e produção gráfica: Everson de Paula
Coordenação de produção: Patricia Costa
Suporte administrativo editorial: Maria de Lourdes Rodrigues
Coordenação de *design* e projetos visuais: Marta Cerqueira Leite
Projeto gráfico: Bruno Tonel
Capa: Bruno Tonel, Daniel Messias
   Ilustração: Ivy Nunes
Coordenação de arte: Wilson Gazzoni Agostinho
Edição de arte: Adriana Santana
Editoração eletrônica: Teclas Editorial
Coordenação de revisão: Elaine Cristina del Nero
Revisão: Edna Luna, Maria Izabel Bitencourt, Recriar Editorial, Vera Rodrigues
Coordenação de pesquisa iconográfica: Luciano Baneza Gabarron
Coordenação de *bureau*: Rubens M. Rodrigues
Tratamento de imagens: Fernando Bertolo, Joel Aparecido, Luiz Carlos Costa, Marina M. Buzzinaro
Pré-impressão: Alexandre Petreca, Everton L. de Oliveira Silva, Marcio H. Kamoto, Vitória Sousa
Coordenação de produção industrial: Wendell Monteiro
Impressão e acabamento:
Maxi Gráfica
Lote 752430
Cód 24119799

Dados Internacionais de Catalogação na Publicação (CIP)
(Câmara Brasileira do Livro, SP, Brasil)

Silveira, Ênio
  Matemática: caderno de atividades / Ênio Silveira.
– 5. ed. – São Paulo : Moderna, 2019.

  Obra em 5 v. do 1º ao 5º ano.

  1. Atividades e exercícios 2. Matemática (Ensino Fundamental) I. Título.

19-25636   CDD-372.7

Índices para catálogo sistemático:
1. Matemática : Ensino Fundamental 372.7
Maria Paula C. Riyuzo – Bibliotecária – CRB-8/7639

ISBN 978-85-16-11979-9 (LA)
ISBN 978-85-16-11980-5 (LP)

Reprodução proibida. Art. 184 do Código Penal e Lei 9.610 de 19 de fevereiro de 1998.
Todos os direitos reservados
EDITORA MODERNA LTDA.
Rua Padre Adelino, 758 – Belenzinho
São Paulo – SP – Brasil – CEP 03303-904
Vendas e Atendimento: Tel. (0_ _11) 2602-5510
Fax (0_ _11) 2790-1501
www.moderna.com.br
2022
Impresso no Brasil

1 3 5 7 9 10 8 6 4 2

Apresentação

Estimado(a) aluno(a),

Este Caderno de Atividades foi elaborado com muito carinho para você!

Aqui você vai aplicar e melhorar seus conhecimentos em Matemática por meio da resolução de muitos exercícios.

O Caderno de Atividades está organizado em tarefas com exercícios variados que retomam os assuntos estudados no livro. Ao final de cada tarefa, há um desafio que vai exigir de você uma solução mais criativa.

Então, mãos à obra! Aproveite!

O autor

Paulo Borges

Aos meus filhos:
Priscila, Ingrid e Ênio Filho,
minha inspiração, minha vida.

Ênio Silveira

Sumário

Unidade 1 Sistemas de numeração 5
Tarefa 1, *5* ▪ Tarefa 2, *7* ▪ Tarefa 3, *9*

Unidade 2 Figuras geométricas 11
Tarefa 4, *11*

Unidade 3 Os números 13
Tarefa 5, *13* ▪ Tarefa 6, *15* ▪ Tarefa 7, *17*

Unidade 4 Adição 19
Tarefa 8, *19* ▪ Tarefa 9, *21* ▪ Tarefa 10, *23* ▪ Tarefa 11, *25*

Unidade 5 Subtração 27
Tarefa 12, *27* ▪ Tarefa 13, *29* ▪ Tarefa 14, *31* ▪ Tarefa 15, *33*
Tarefa 16, *35* ▪ Tarefa 17, *37* ▪ Tarefa 18, *39*

Unidade 6 Figuras geométricas planas 41
Tarefa 19, *41* ▪ Tarefa 20, *43*

Unidade 7 Medidas de comprimento e de tempo 45
Tarefa 21, *45* ▪ Tarefa 22, *47* ▪ Tarefa 23, *49*

Unidade 8 Multiplicação 51
Tarefa 24, *51* ▪ Tarefa 25, *53* ▪ Tarefa 26, *55* ▪ Tarefa 27, *57*
Tarefa 28, *59* ▪ Tarefa 29, *61* ▪ Tarefa 30, *63* ▪ Tarefa 31, *65*
Tarefa 32, *67* ▪ Tarefa 33, *69*

Unidade 9 Divisão 71
Tarefa 34, *71* ▪ Tarefa 35, *73* ▪ Tarefa 36, *75* ▪ Tarefa 37, *77*
Tarefa 38, *79* ▪ Tarefa 39, *81* ▪ Tarefa 40, *83* ▪ Tarefa 41, *85*

Unidade 10 Números na forma de fração.. 87
Tarefa 42, *87* ▪ Tarefa 43, *89* ▪ Tarefa 44, *91*

Unidade 11 Deslocamento, localização e simetria 93
Tarefa 45, *93* ▪ Tarefa 46, *95*

Unidade 12 Medidas de massa, de capacidade e de temperatura............... 97
Tarefa 47, *97* ▪ Tarefa 48, *99* ▪ Tarefa 49, *101* ▪ Tarefa 50, *103*

Unidade 1 — Sistemas de numeração

Tarefa 1

1 Utilize os símbolos egípcios para representar os seguintes números.

a) 8 ▶ _____

b) 35 ▶ _____

c) 376 ▶ _____

d) 400 ▶ _____

2 Determine os números representados com símbolos egípcios.

a) ||||||| ▶ _____

b) ∩∩∩|||| ▶ _____

c) ꙮꙮ∩∩∩∩|| ▶ _____

d) ꙮꙮꙮꙮꙮ∩|| ▶ _____

3 Represente os números 16 e 54 de duas maneiras diferentes utilizando símbolos egípcios.

4 Escreva os números correspondentes aos números romanos que aparecem a seguir.

a) XIV ▶ _____

b) XXXIV ▶ _____

c) XXIX ▶ _____

d) XLII ▶ _____

e) XLVI ▶ _____

f) XLIX ▶ _____

5 Escreva em números romanos.

a) 9 ▶ _____

b) 16 ▶ _____

c) 17 ▶ _____

d) 10 ▶ _____

e) 25 ▶ _____

f) 19 ▶ _____

g) 30 ▶ _____

h) 26 ▶ _____

i) 28 ▶ _____

j) 54 ▶ _____

k) 38 ▶ _____

l) 44 ▶ _____

cinco 5

Unidade 1 — Sistemas de numeração

6 Complete, em cada caso, com o antecessor e com o sucessor.

Exemplo: XIX XX XXI

a) _____ XVII _____

b) _____ IV _____

c) _____ XV _____

d) _____ XXVIII _____

e) _____ XLVI _____

7 Complete corretamente usando os sinais > (maior que) ou < (menor que).

a) XX _____ XXV

b) III _____ XVI

c) X _____ VIII

d) XVII _____ XV

e) VII _____ X

f) XL _____ XXX

g) XXXV _____ XXXVII

h) XXIV _____ XXVI

 **Desafio**

Qual é a posição do barquinho e da bola na malha quadriculada?

	A	B	C	D	E
5					🟢
4					
3			⛵		
2					
1					

Mário

▶ posição do barquinho: ☐ ☐

▶ posição da bola: ☐ ☐

Unidade 1 — Sistemas de numeração

Tarefa 2

1. Escreva em ordem decrescente os números XXXIV, XLVI, XXVII e XVIII.

   _____ > _____ > _____ > _____

2. Reescreva, usando números romanos.

   a) Bento dezesseis ▶ _____

   b) Capítulo treze ▶ _____

   c) Século vinte e um ▶ _____

   d) Dom Pedro segundo ▶ _____

   e) Dom João quarto ▶ _____

   f) Século sétimo ▶ _____

   Estátua do músico e compositor austríaco Wolfgang Amadeus Mozart (1756-1791).

3. Escreva os números em ordem crescente usando o sinal <.

   | 800 | 720 | 180 | 245 | 308 | 560 | 680 |

   _____

4. Iaci tem 234 adesivos.

   a) Se ela os organizasse em grupos de 100, quantos grupos formaria?

   _____

   ▶ Sobraria algum adesivo fora dos grupos? Se sim, quantos? _____

   b) Se ela os organizasse em grupos de 10, quantos grupos formaria?

   _____

   ▶ Sobraria algum adesivo fora dos grupos? Se sim, quantos? _____

sete 7

Unidade 1 — Sistemas de numeração

5 Bruno tem duas cédulas de 100 reais e precisa trocá-las por cédulas menores: de 50, 10 e 5 reais. Registre uma maneira de fazer isso, indicando a quantidade de cédulas de cada valor de que ele vai precisar.

_____ cédulas de 50 reais,

_____ cédulas de 10 reais e

_____ cédulas de 5 reais.

 **Desafio**

Observe as crianças na fila do carrinho de algodão-doce.

Lucas   Mário   Isabela   Ana   Iaci   Bruno

a) Em que posição da fila estão Mário e Iaci?

_____

b) Se entre Mário e Iaci houvesse 5 crianças, qual seria a posição de Iaci? _____

Unidade 1 — Sistemas de numeração

Tarefa 3

1 Considere o número 689 e responda às questões.

a) Quantas ordens esse número tem? _____

b) Qual é o algarismo da 3ª ordem? _____

c) Qual é o algarismo da ordem das dezenas? _____

d) Quantas unidades esse número tem? _____

e) Quantas dezenas completas esse número tem? _____

2 Observe o valor do cheque.

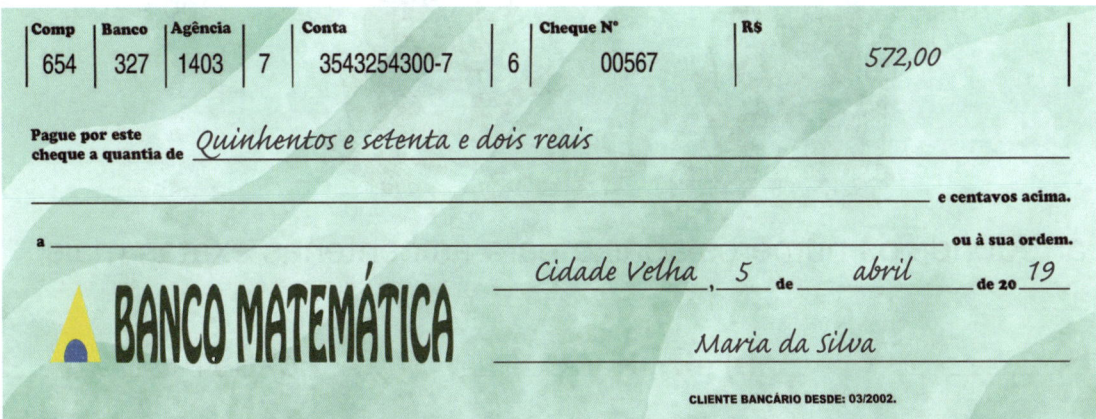

Você poderia trocar essa quantia por:

_____ cédulas de 100 reais, _____ cédulas de 10 reais

e _____ moedas de 1 real.

3 Escreva os números que estão representados nos ábacos.

a)

_____

b)

_____

c)

_____

nove 9

Unidade 1 Sistemas de numeração

4 Compare os números usando os sinais < ou >.

a) 108 _____ 810   c) 312 _____ 231   e) 509 _____ 905

b) 800 _____ 699   d) 395 _____ 401   f) 716 _____ 617

5 Observe a sequência numérica a seguir.

A centena exata mais próxima de 230 é 200, e a mais próxima de 280 é 300.

Arredondando os números 230 e 280 para as centenas exatas mais próximas, obtemos, respectivamente, 200 e 300.

Agora, arredonde os números abaixo para as centenas exatas mais próximas.

a) 312 ▶ _____   b) 497 ▶ _____   c) 831 ▶ _____

Desafio

Veja as teclas que Bruno digitou em uma calculadora para encontrar o sucessor de 399 e o antecessor de 800.

Sucessor de 399 ▶ 3 9 9 − 1 =

Antecessor de 800 ▶ 8 0 0 + 1 =

Bruno usou as teclas corretamente?

_____

_____

_____

Unidade 2 — Figuras geométricas

Tarefa 4

1 Escreva o nome de cada sólido geométrico representado abaixo.

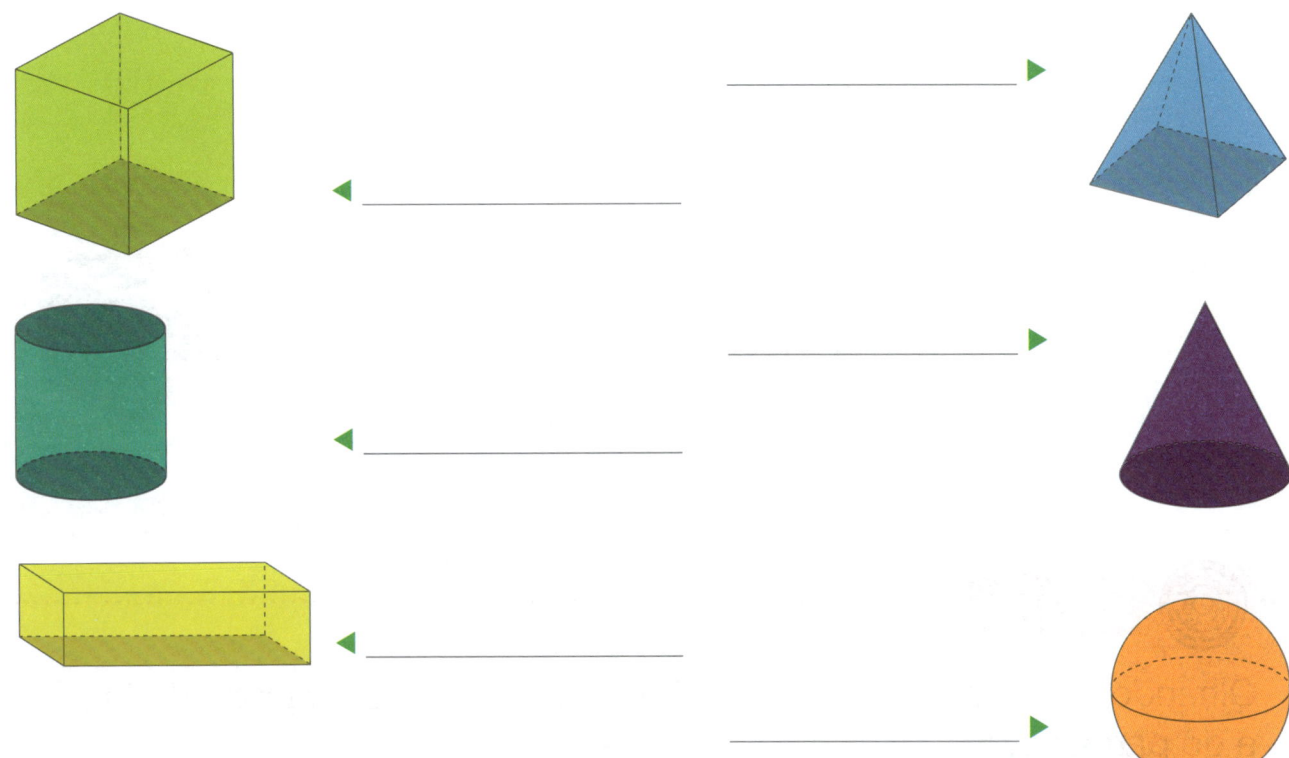

2 Identifique algumas diferenças entre as pirâmides.

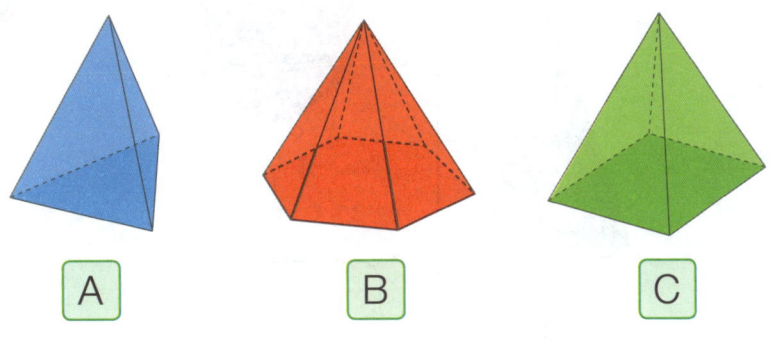

A   B   C

_____

_____

_____

3 Responda às questões.

a) O tijolo reproduzido ao lado lembra o formato de qual figura geométrica?

____

ALIS PHOTO/SHUTTERSTOCK

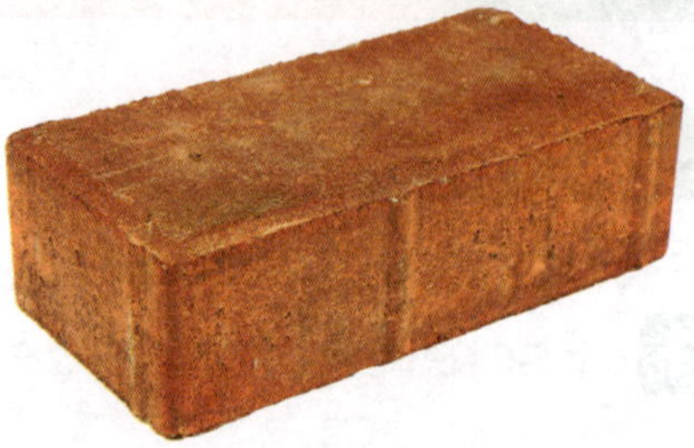

b) Quantas faces tem esse tijolo?

____

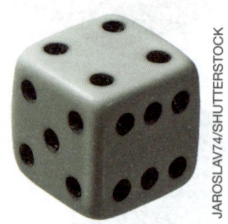

4 Observe um dado e responda.

a) Qual é a face oposta à face ? ________

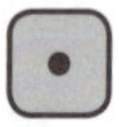

b) Qual é a face oposta à face ? ________

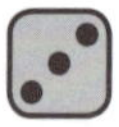

c) Qual é a soma de duas faces opostas? ________

JAROSLAV74/SHUTTERSTOCK

Desafio

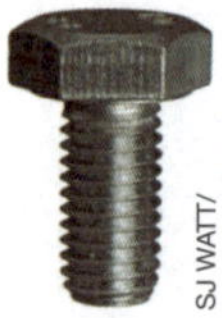

Olhando de cima, o que vemos? Desenhe a vista superior do dado e do parafuso.

Exemplo:

JAROSLAV74/ SHUTTERSTOCK

SJ WATT/ SHUTTERSTOCK

ILUSTRAÇÕES: ADILSON SECCO

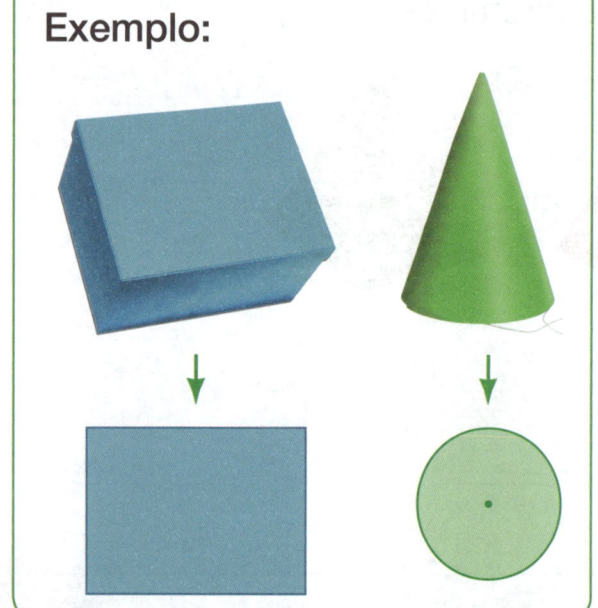

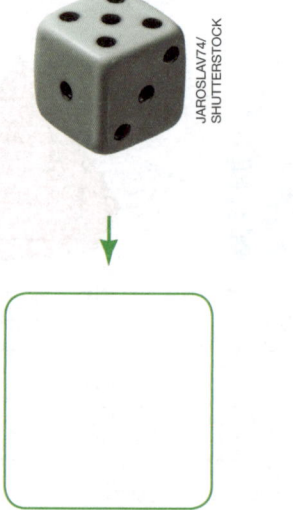

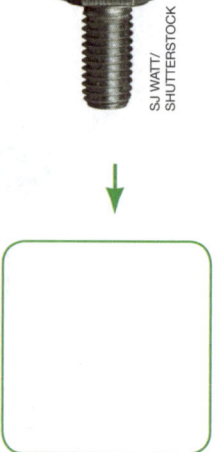

Unidade 3 — Os números

Tarefa 5

1 Allan escondeu sua coleção de revistas de histórias em quadrinhos. Para não se esquecer do local em que as colocou, escreveu um código. Decifre o segredo de Allan.

Código: 61 41391 72852

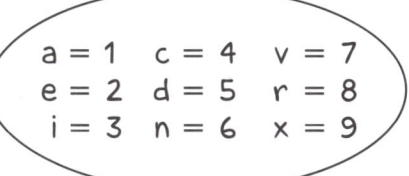

a = 1   c = 4   v = 7
e = 2   d = 5   r = 8
i = 3   n = 6   x = 9

_____

2 Arredonde os números para as dezenas exatas mais próximas.

a) 73 ▶ _____

b) 154 ▶ _____

c) 278 ▶ _____

d) 516 ▶ _____

3 Observe a sequência e complete-a.

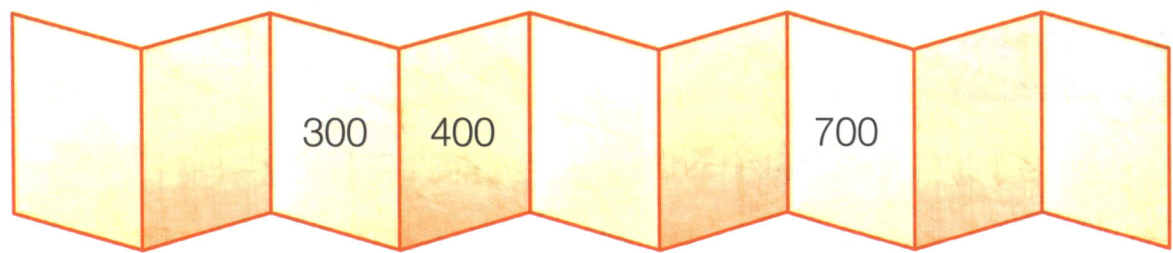

300   400   700

4 Em cada caso, complete os quadros de ordem com o maior número que pode ser formado com os três algarismos dados.

a) 3, 2 e 8

C	D	U

b) 9, 1 e 6

C	D	U

c) 0, 6 e 5

C	D	U

treze 13

5 Responda às questões.

a) Quantos algarismos tem o número 356? ________

b) Quantas ordens tem o número 457? ________

c) Quantas dezenas tem o número 74? ________

d) Quantas centenas tem o número 237? ________

6 Escreva o número correspondente à quantidade representada no material dourado.

a) ________

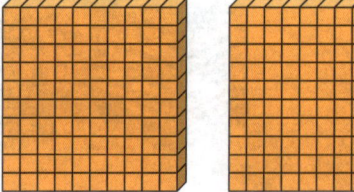

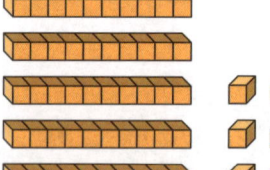

b) ________

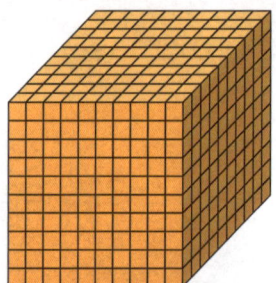

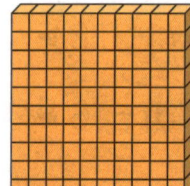

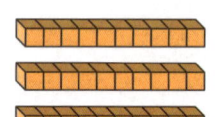

Desafio

Reproduza a figura da esquerda na malha quadriculada da direita utilizando lápis de cor.

ILUSTRAÇÕES: ADILSON SECCO

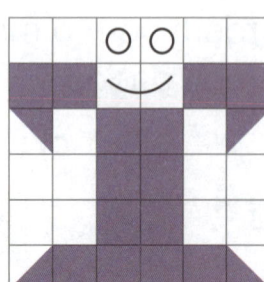

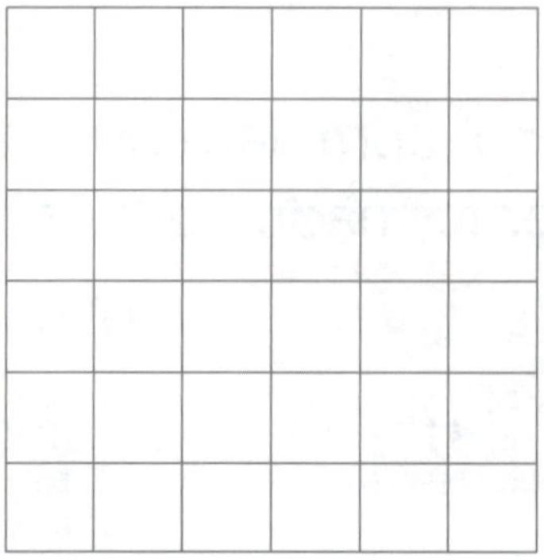

Unidade 3 — Os números

Tarefa 6

1 Escreva por extenso.

a) 756 ▶ _____

b) 617 ▶ _____

2 Escreva o número correspondente.

a) 5 centenas, 9 dezenas e 1 unidade ▶ _____

b) 2 centenas e 7 dezenas ▶ _____

c) 1 centena e 6 unidades ▶ _____

3 Decomponha, em suas diferentes ordens, os números abaixo.

> **Exemplo:**
> 326 ▶ 3 centenas, 2 dezenas e 6 unidades

a) 667 ▶ _____

b) 504 ▶ _____

4 Complete o quadro de ordens.

a) 400   b) 870   c) 305

C	D	U

5 Escreva por extenso os números abaixo.

a) 52 ▶ _____

b) 660 ▶ _____

c) 409 ▶ _____

d) 350 ▶ _____

quinze 15

Unidade 3 — Os números

6 Complete.

a) 6 8 2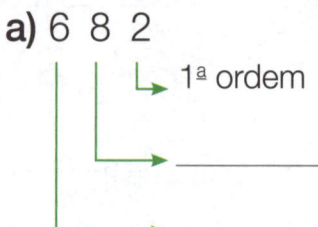
   1ª ordem

b) 4 5 1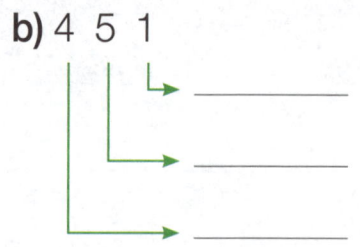

c) 4 3 9 6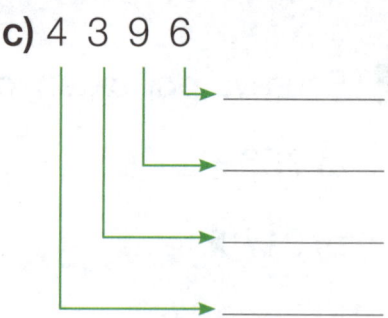

7 O rato só pode descer para um número menor ou subir para um número maior. Usando um lápis de cor, trace o caminho que leva o rato ao queijo.

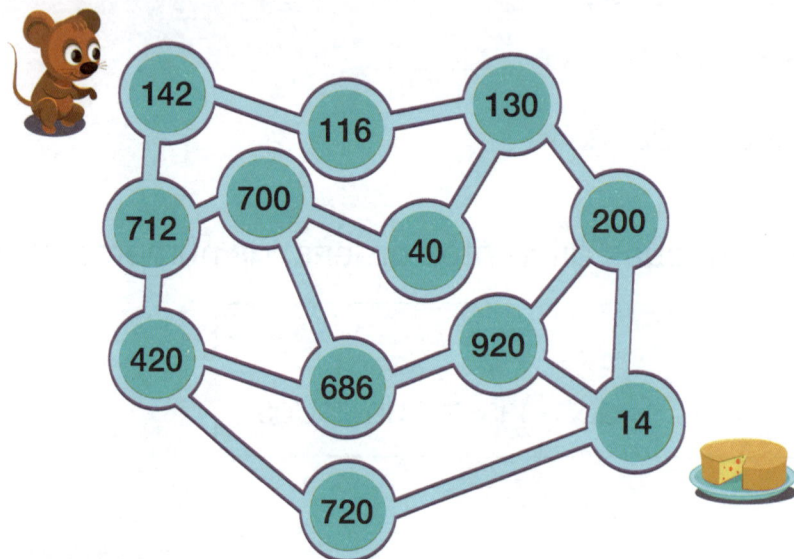

Desafio

Com uma régua, ligue **y** aos números pares e **x** aos números ímpares.

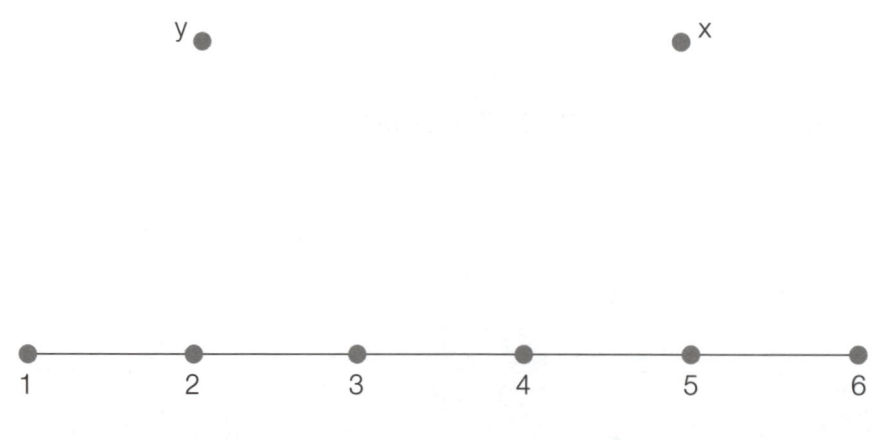

Unidade 3 — Os números

Tarefa 7

1 É comum arredondarmos os números para facilitar cálculos aproximados. Arredonde o valor, em reais, de cada um dos produtos para a centena exata mais próxima.

108 REAIS
_____ reais

422 REAIS
_____ reais

890 REAIS
_____ reais

▶ Em qual desses casos o valor arredondado é maior que o valor original?

_____

2 Complete o quadro a seguir.

Antecessor	Número	Sucessor
1 376		
	2 799	
		6 000

3 Em cada caso, escreva os números em ordem crescente.

a) 912 | 218 | 1 000 | 522 | 475

_____

b) 214 | 125 | 212 | 311 | 132

_____

dezessete 17

4 Observe a figura e complete.

ADILSON SECCO

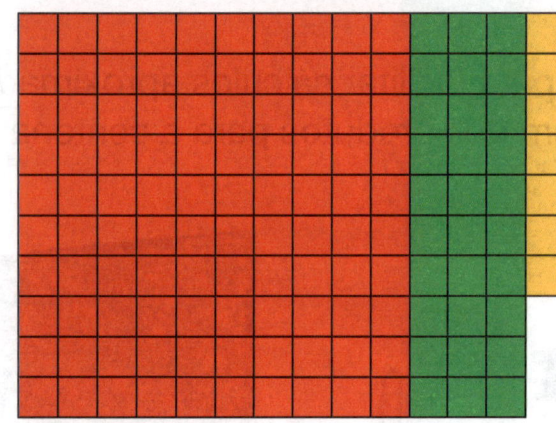

A figura tem ________ centena de quadradinhos vermelhos, ________ dezenas de quadradinhos verdes e ________ unidades de quadradinhos amarelos. A figura tem, ao todo, ________________________

5 Joana foi ao banco para sacar 1 235 reais de sua conta. O gerente do banco deu duas opções para a retirada desse valor:

CLÁUDIO CHIYO

1ª) 12 cédulas de 100 reais, 3 cédulas de 10 reais e 5 moedas de 1 real;

2ª) 123 cédulas de 10 reais e 5 moedas de 1 real.

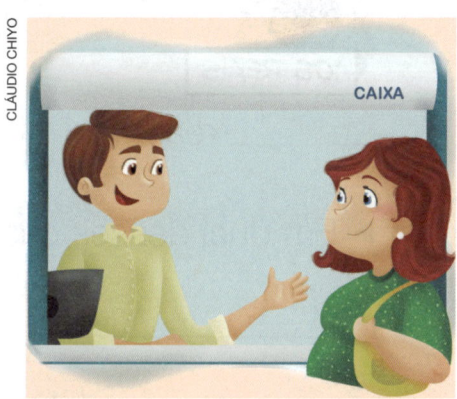

Na sua opinião, qual é a melhor forma para receber o dinheiro? Por quê?

____

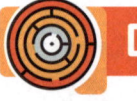

Desafio

Quantos pontos há em cada figura?

________ ________ ________ ________

ADILSON SECCO

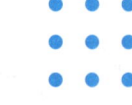

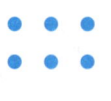

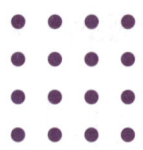

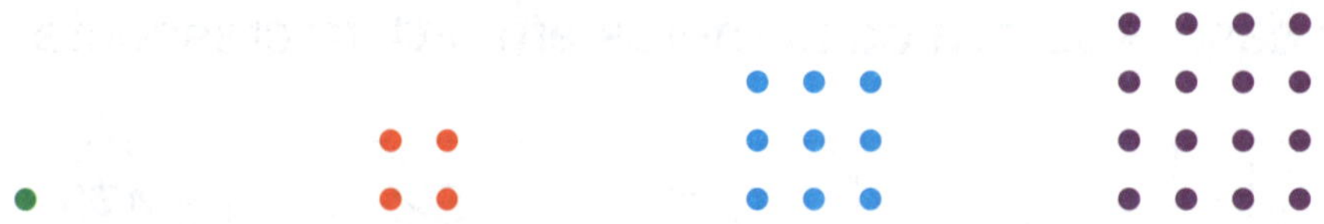

De acordo com a sequência, a próxima figura terá ________ pontos.

Unidade 4 — Adição

Tarefa 8

1 Efetue as adições e escreva o nome dos termos.

a)
```
   4 6   ▶   parcela
 + 3 2   ▶   _____
 _____
         ▶   _____
```

b)
```
   1 5 0   ▶   _____
 +   3 9   ▶   parcela
 _____
           ▶   _____
```

2 Arme e efetue a adição de 134 mais 255. Depois, troque suas parcelas e comprove que é verdadeira a afirmação abaixo.

Na adição, as parcelas podem ser colocadas em qualquer ordem: o total não se altera.

Exemplo:
```
   2 3         4 5
 + 4 5       + 2 3
 _____       _____
   6 8         6 8
```

134 + 255

3 Efetue as adições usando o algoritmo usual.

a) 17 + 52	b) 35 + 23 + 11	c) 305 + 214

dezenove 19

Unidade 4 — Adição

4 Complete.

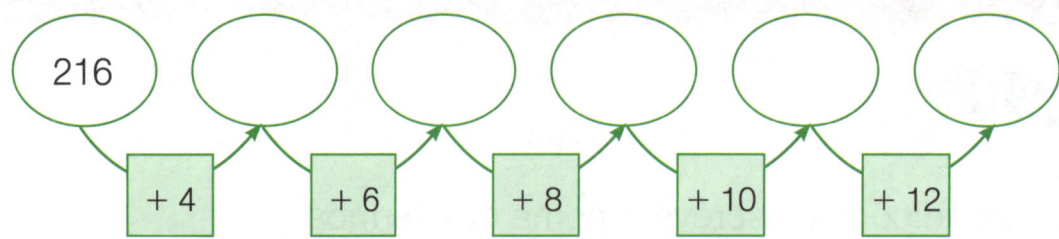

5 Efetue as adições usando o algoritmo usual.

a) 356 + 176 + 34	c) 138 + 256 + 137
b) 268 + 137 + 24	d) 396 + 282 + 175

6 Observe o exemplo e calcule.

Exemplo: 25 + 47 = = 25 + 40 + 7 = = 65 + 7 = = 72	a) 28 + 39 =	b) 48 + 33 =

 **Desafio**

Continue a sequência.

5   12   19   ___   ___   ___   ___

Unidade 4 — Adição

Tarefa 9

1 Complete.

a) 6 + 5 = 5 + ____

b) 9 + 2 = 2 + ____

c) 2 + 7 + 9 = 2 + 9 + ____

d) ____ + 4 + 6 = 6 + 5 + 4

e) 5 + 0 = ____

f) 0 + 7 = ____

2 Observe os exemplos e calcule de duas formas diferentes cada item.

8 + 2 + 9 =
= 10 + 9 =
= 19

8 + 2 + 9 =
= 8 + 11 =
= 19

a) 5 + 4 + 8 =

b) 7 + 10 + 12 =

3 Calcule mentalmente e, depois, registre o resultado.

a) 15 + 10 + 5 = ____

b) 24 + 6 + 15 = ____

c) 33 + 7 + 18 = ____

d) 12 + 8 + 25 = ____

e) 8 + 32 + 35 = ____

f) 13 + 17 + 30 = ____

Unidade 4 — Adição

4 Em cada caso, escreva o menor número que satisfaça a relação.

a) 3 + _____ > 8

b) 7 + 7 < 6 + _____

c) 10 + 5 < _____ + 8

d) 9 + _____ > 4 + 10

5 Efetue as adições e complete.

+5	13	28	37	48	93	155	189	257
	18				98			

6 Calcule do mesmo modo que a professora.

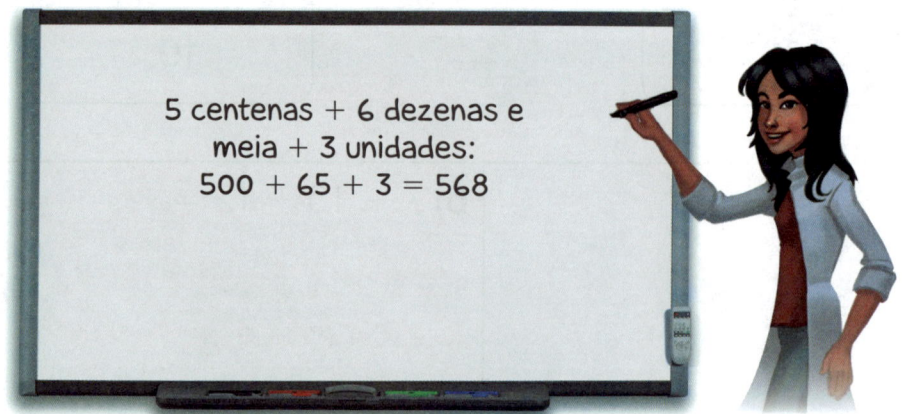

5 centenas + 6 dezenas e meia + 3 unidades:
500 + 65 + 3 = 568

a) 4 dezenas e meia + meia dezena: _____

b) 2 centenas + meia dezena + 67 unidades: _____

c) meia centena + 3 dezenas + 13 unidades: _____

 **Desafio**

Observe a primeira igualdade e complete as demais sem efetuar as adições.

236 + 398 = 634

236 + 397 = _____

237 + 399 = _____

Tarefa 10

1 Veja a quantidade de dinheiro gasta por cada personagem durante a ida a uma feira.

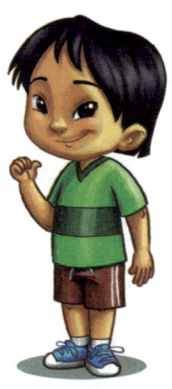

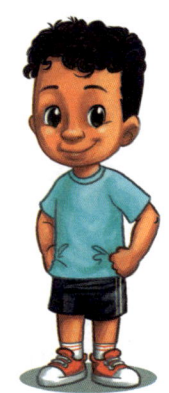

Bruno
99 reais

Mário
75 reais

ILUSTRAÇÕES: EDNEI MARX

a) Quantos reais gastaram Bruno e Mário juntos? ____________________

b) Quantos reais gastaram Isabela e Iaci juntas? ____________________

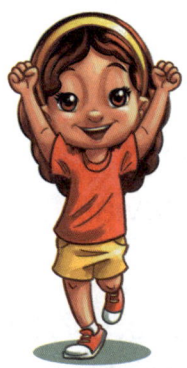

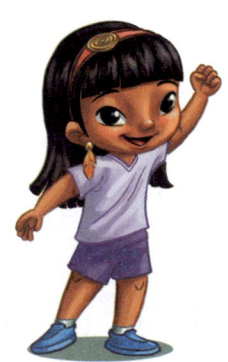

Isabela
110 reais

Iaci
78 reais

c) Quantos reais gastaram os quatro?

____

2 Cinco crianças estão jogando bolinhas de gude. No quadro abaixo, está representada a quantidade de bolinhas de gude de cada uma delas. Qual é o total de bolinhas?

Felipe	113
Márcio	54
Caio	17
Maurício	241
Renato	135

JOHN ZADA/ALAMY/FOTOARENA

O total de bolinhas é ________.

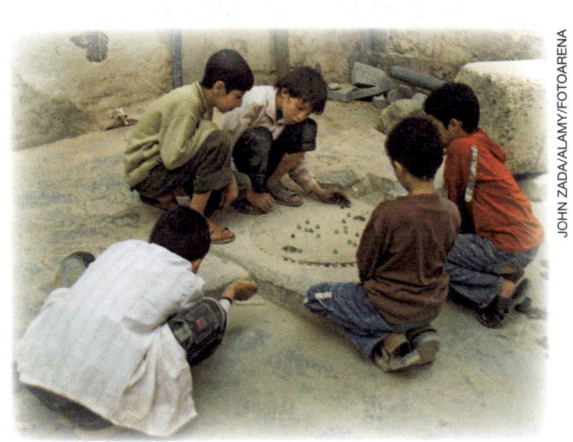

Unidade 4 — Adição

3 Luciana estudou 38 minutos e depois fez uma pausa para o lanche. Em seguida, estudou mais 25 minutos. Quanto tempo, ao todo, ela estudou?

Luciana estudou, ao todo, _____ minutos.

4 Em um avião, havia 218 adultos e 86 crianças. Quantos passageiros havia nesse avião?

Nesse avião havia _____ passageiros.

5 Em um sábado, 272 pessoas foram a um museu. No domingo, mais 368 pessoas visitaram esse museu. Quantas pessoas visitaram o museu nesse fim de semana?

Nesse fim de semana _____ pessoas visitaram o museu.

Desafio

Qual é a soma do sucessor de 999 com o antecessor de 1 001? _____

Unidade 4 — Adição

Tarefa 11

1 Cláudio, Luciano e Júlio receberam, respectivamente, 825 reais, 537 reais e 357 reais.

a) Quanto Luciano e Júlio têm juntos?

_____

b) Se Cláudio receber mais 156 reais, com quanto ficará?

_____

2 Pinte de:

a) 🔴 os triângulos com números maiores que 49;

b) 🔵 os triângulos com números menores que 39;

c) 🟡 os triângulos com números situados entre 39 e 49.

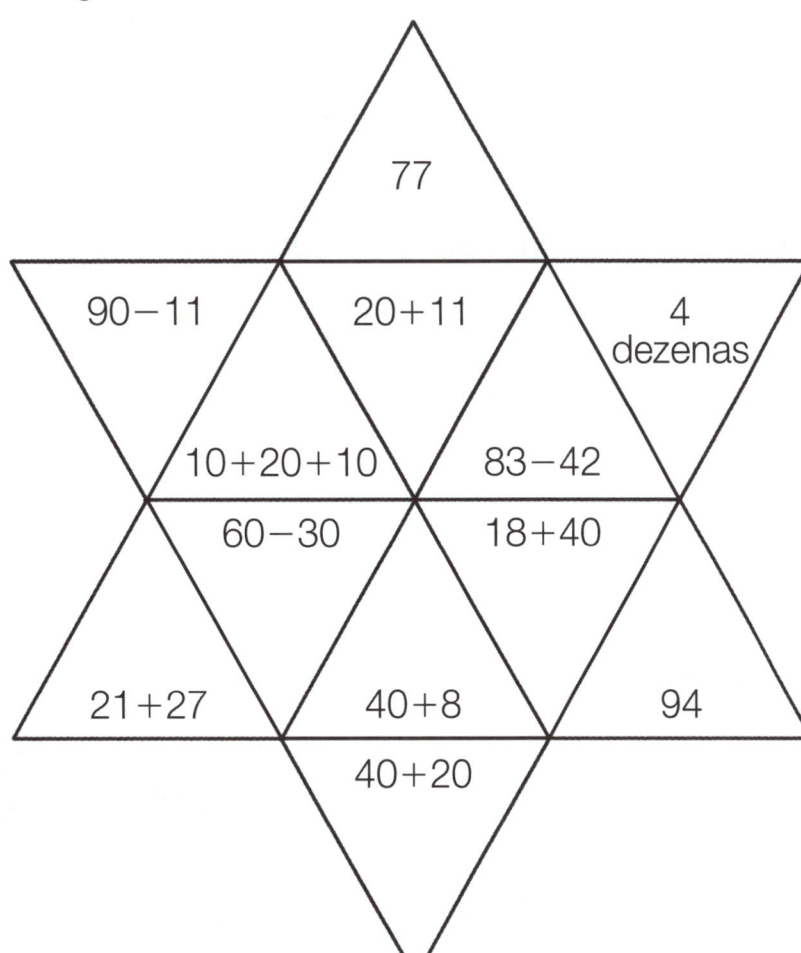

vinte e cinco 25

Unidade 4 — Adição

3 Descubra o segredo e complete a sequência.

| 94 | 97 | | | | 109 | | | | |

4 Luís gastou 195 reais em uma livraria e 77 reais na farmácia. Quanto ele gastou ao todo?

Luís gastou _____ reais ao todo.

5 Observe no quadro as vendas de uma lanchonete em determinada semana e responda às questões.

Dia da semana	Sanduíche	Suco	Sorvete
Segunda-feira	20	18	20
Terça-feira	15	10	10
Quarta-feira	10	9	13
Quinta-feira	8	12	17
Sexta-feira	7	8	14

a) Quantos sanduíches foram vendidos na semana? _____

b) Quantos copos de suco foram vendidos na semana? _____

c) Quantos sorvetes foram vendidos na semana? _____

 **Desafio**

Paulinho tinha 100 reais. Comprou o carrinho e o barquinho abaixo. Com quantos reais ele ficou?

 24 reais

 62 reais

Paulinho ficou com _____ reais.

Unidade 5 — Subtração

Tarefa 12

1 Efetue as operações e tire a prova.

a) 23 + 35 | Prova

b) 642 − 35 | Prova

c) 65 + 32 | Prova

d) 756 − 132 | Prova

2 Complete corretamente.

a) 14 + ___ = 20

b) 34 + ___ = 40

c) 24 + ___ = 30

d) 25 + ___ = 30

e) 43 + ___ = 50

f) 47 + ___ = 50

3 Efetue as subtrações.

4 2 − 1 6

3 1 − 1 9

2 3 − 9

1 2 − 8

1 4 − 6

vinte e sete 27

Unidade 5 — Subtração

4 Efetue as operações e tire a prova.

a) 348 − 216   Prova

b) 150 − 20   Prova

c) 708 − 105   Prova

d) 600 − 400   Prova

5 Descubra o valor do minuendo, usando a operação inversa.

a) _____ − 32 = 124

b) _____ − 126 = 132

c) _____ − 18 = 201

d) _____ − 50 = 25

e) _____ − 54 = 145

f) _____ − 183 = 214

Desafio

Determine os algarismos representados pelos símbolos ■, ▲ e ★.

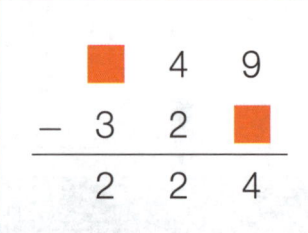

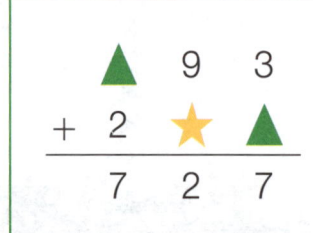

▲ = _____

★ = _____

■ = _____

Unidade 5 — Subtração

Tarefa 13

1 Complete com o minuendo ou com o subtraendo.

a) ☐ − 26 = 39

b) 71 − ☐ = 24

c) 70 − ☐ = 37

d) ☐ − 56 = 34

2 Complete.

a) 356 + ☐ = 618

b) 457 + ☐ = 932

c) 560 + ☐ = 834

3 Em uma banca havia 189 jornais. Pela manhã, foram vendidos 75, e à tarde, 108. Quantos jornais sobraram?

Sobraram _____ jornais.

4 Os números de uma sequência foram representados na reta numérica abaixo.

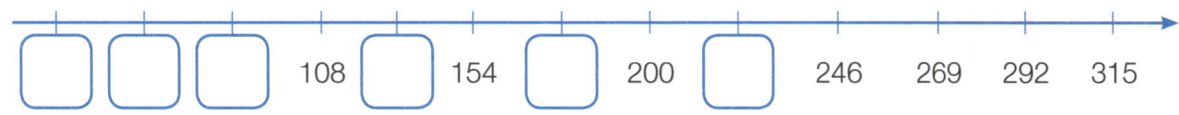

a) Descubra a regra dessa sequência e complete a reta com os números que faltam. Explique a regra a um colega e ouça a explicação dele.

b) Crie a regra de uma sequência que termina no número 95 e represente na reta numérica abaixo os números dessa sequência.

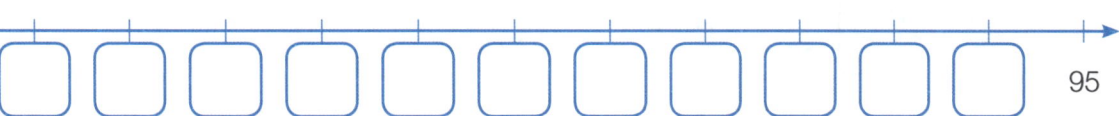

Unidade 5 — Subtração

5. Um artesão produziu 25 esculturas no mês de janeiro. Dessa quantidade, 18 foram vendidas, e o restante foi guardado no depósito. Quantas esculturas foram guardadas no depósito?

Foram guardadas _____ esculturas no depósito.

6. Breno vende pipas na praia. Certo dia, ele levou 40 pipas e vendeu 28. Quantas pipas sobraram nesse dia?

Sobraram _____ pipas.

7. Resolva as operações, começando pelas que estão indicadas.

a) 9 + 10 − 7 =

_____

9 + 10 − 7 =

_____

b) 5 + 6 − 4 =

_____

5 + 6 − 4 =

_____

Desafio

Determine os algarismos representados pelos símbolos ■, ●, ▲ e ★.

a)

■ = _____

● = _____

b)

▲ = _____

★ = _____

Unidade 5 — Subtração

Tarefa 14

1 Na escola em que estudo, havia 256 meninos e 184 meninas. No ano seguinte, 76 crianças foram para outras escolas. Quantos alunos há agora na escola em que estudo?

Na escola em que estudo há, agora, _____ alunos.

2 No estoque de uma loja havia 325 bonecas. Foram vendidas 186. Quantas bonecas sobraram no estoque dessa loja?

Sobraram _____ bonecas no estoque dessa loja.

3 Vendendo flores, Paula recebeu 36 reais pela manhã e 50 reais à tarde. Quanto ela vendeu à noite, se recebeu ao todo 99 reais?

Paula vendeu _____ reais de flores à noite.

Unidade 5 — Subtração

4 Um voo de Belém a Florianópolis fez escala em Campinas. Em Belém, embarcaram 155 passageiros. Na escala em Campinas, subiram mais 43 e desembarcaram 58 passageiros. Quantos passageiros chegaram a Florianópolis?

Chegaram _____ passageiros a Florianópolis.

5 Cristina tinha 480 reais. Ganhou mais 200 reais e doou 485 reais para uma instituição de caridade. Com quantos reais Cristina ficou?

Cristina ficou com _____ reais.

 **Desafio**

Partindo do número 35, efetue as subtrações indicadas até a linha de chegada.

Unidade 5 — Subtração

Tarefa 15

1 Em uma festa de aniversário, havia 35 convidados e chegaram mais 17. Mais tarde, 12 foram embora. Quantos convidados restaram?

Restaram _____ convidados.

2 Renato, Plínio e Cássio têm, juntos, 64 anos. Renato tem 22 anos, e Cássio tem 25. Quantos anos Plínio tem?

Plínio tem _____ anos.

3 Dentro de um avião, estão 37 paraquedistas. Em determinado momento, restaram a bordo 8 paraquedistas. Quantos paraquedistas saltaram do avião?

Saltaram do avião _____ paraquedistas.

trinta e três 33

4 Complete, efetuando algumas subtrações.

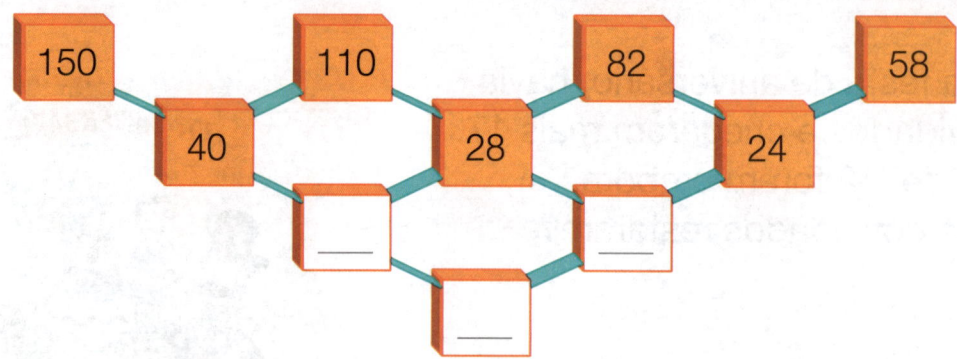

5 Uma escola recebeu 516 livros. Deles, 207 foram colocados na biblioteca, 200 nas salas de aula e os demais foram entregues aos professores. Quantos livros foram destinados aos professores?

Foram destinados _______ livros aos professores.

6 Fabrício tinha 690 reais. Ganhou mais 300 reais e comprou uma bicicleta por 540 reais. Com quantos reais Fabrício ficou?

Fabrício ficou com _______ reais.

Desafio

Pinte a peça que completa corretamente o triângulo abaixo.

ILUSTRAÇÕES: ADILSON SECCO

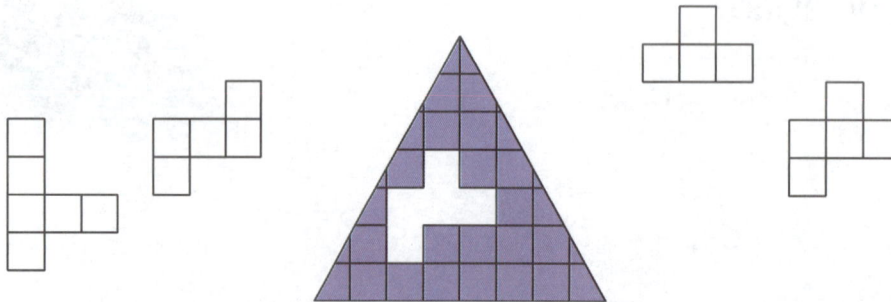

Unidade 5 — Subtração

Tarefa 16

1 Lúcia registrou a massa de sua filha Lia a cada 2 anos. Com esses dados, fez um gráfico relacionando a massa com a idade da filha.

Respondas às questões.

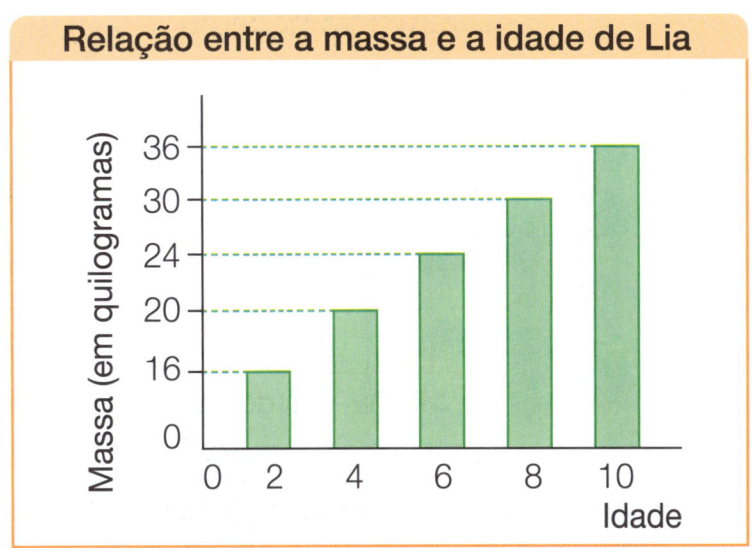

Dados obtidos por Lúcia em abril de 2019.

a) Qual era a massa de Lia aos 4 anos de idade?

_____

b) Dos 6 aos 10 anos, de quanto foi o aumento da massa de Lia?

_____

2 Observe no gráfico a quantidade de animais que um zoológico possui, complete a tabela e, depois, responda às questões.

Quantidade de animais	
Animal	Quantidade
Leão	8
Macaco	
Elefante	
Urso	
Girafa	

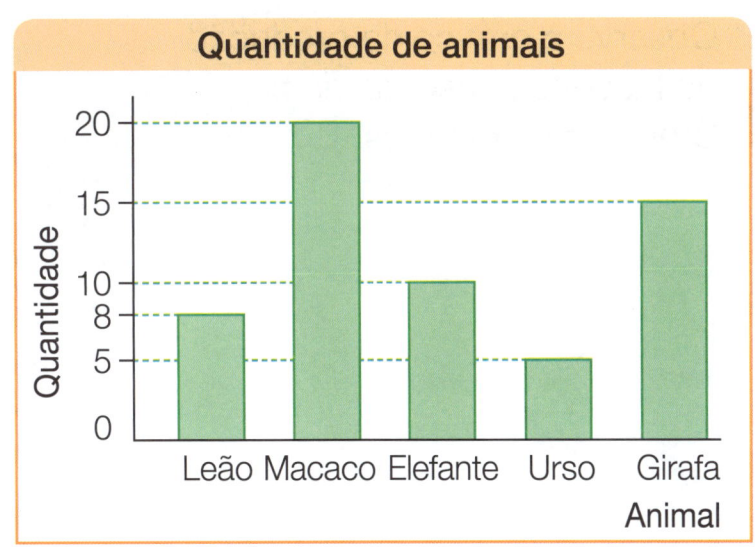

Dados obtidos pelo zoológico em maio de 2019.

a) Que animal há em maior quantidade? _____

b) Que animal há em menor quantidade? _____

c) Há mais elefantes ou girafas? _____

trinta e cinco **35**

Unidade 5 — Subtração

3 Lia é funcionária em um pedágio e registrou em um gráfico a quantidade de veículos que passaram por ele durante um dia. Observe o gráfico e, em seguida, complete a frase.

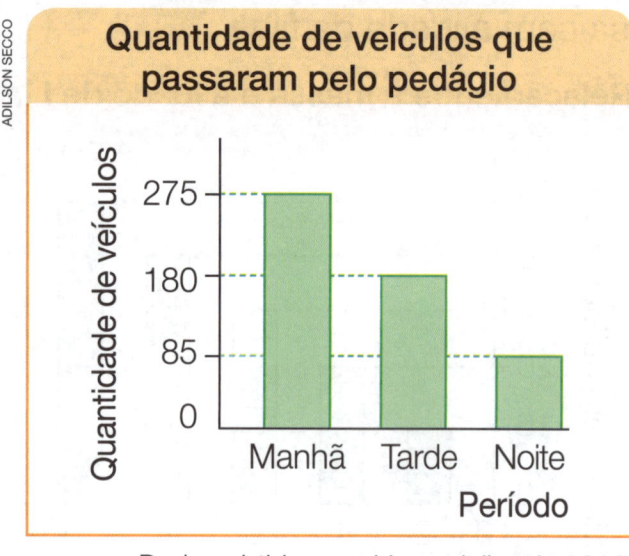

Dados obtidos por Lia em julho de 2019.

Passaram _____ veículos pelo pedágio nesse dia.

 **Desafio**

Observe o gráfico da produção de biscoitos caseiros da tia Bruna no último mês.

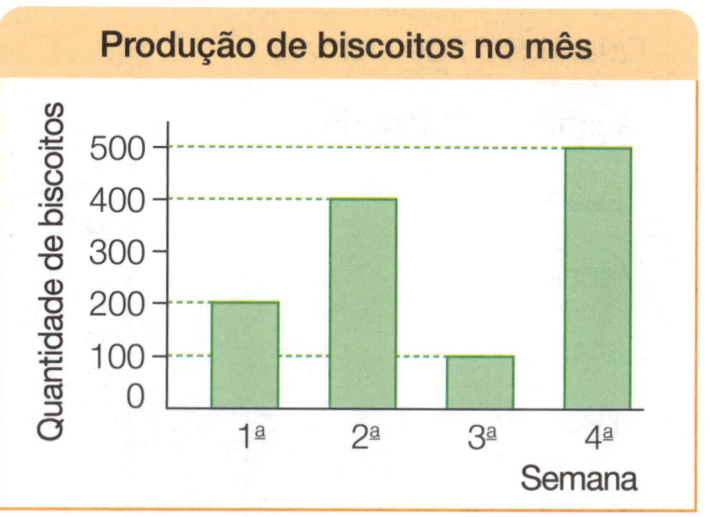

Dados obtidos por tia Bruna em maio de 2019.

Da quantidade de biscoitos caseiros produzida no mês, um terço foi consumida por seus sobrinhos, e o restante foi vendido, em pacotes de 10 biscoitos, por 1 real cada pacote. Quanto a tia Bruna recebeu pela venda do restante dos biscoitos? _____

36 trinta e seis

Unidade 5 — Subtração

Tarefa 17

1 Pesquisar preços antes de efetuar uma compra é muito importante, pois podemos encontrar produtos com preços mais baixos.

Pesquise o preço dos produtos abaixo em dois locais diferentes e complete a tabela.

Pesquisa de preços		
Produto	Preço (R$) Local A: _____	Preço (R$) Local B: _____
1 pacote de macarrão espaguete (500 g)		
1 creme dental (90 g)		
1 embalagem de óleo de soja		
1 quilograma de feijão		

Agora, responda.

a) Em qual dos locais é mais vantajoso comprar todos os produtos?

_____

_____

b) Uma pessoa comprou 1 quilograma de feijão no local A, e outra pessoa comprou 1 quilograma de feijão do local B. Quem gastou menos? Quanto a menos?

_____

_____

2 Você sabe o que é salário mínimo? Qual é seu valor em reais?

Salário mínimo é _____.

Seu valor é _____.

trinta e sete 37

Unidade 5 — Subtração

3 Dei 110 reais para pagar algumas compras. Recebi 7 reais de troco. Quanto gastei?

Gastei _____ reais.

4 Gastei 74 reais em roupas e 24 reais em presentes. Dei uma cédula de 100 reais para o pagamento. Quanto recebi de troco?

Recebi _____ reais de troco.

5 Ângelo tinha a quantia representada ao lado. Gastou 57 reais. Com quanto ficou?

Ângelo ficou com _____ reais.

Desafio

Tonico recebe 36 reais por mês de mesada do pai. Passou 3 meses juntando esse valor. Quanto ainda falta para Tonico completar 150 reais?

Faltam ainda _____ reais.

Unidade 5 — Subtração

Tarefa 18

1 Observe o preço de cada produto e a quantia dada como pagamento. Faça a conta e calcule de quanto será o troco em cada situação.

Preço	Pagamento	Troco
R$ 13,00 (lápis de cor)	R$ 15,00	
R$ 7,00 (milk-shake)	R$ 10,00	
R$ 15,00 (caderno)	R$ 50,00	
R$ 16,00 (camiseta)	R$ 20,00	
R$ 98,00 (boneca)	R$ 100,00	

trinta e nove 39

Unidade 5 — Subtração

2 Caio comprará 2 ingressos para um espetáculo. Observe a figura ao lado e calcule quanto ele receberá de troco.

Caio receberá _____ reais de troco.

(INGRESSO R$ 24,00)

3 Em uma calculadora, digite o número 102.

Depois, pressione as teclas (−) (1) (2) (=) e complete.

Obtivemos o número _____. Pressionando novamente a tecla (=), apareceu o número _____ no visor da calculadora. Pressionando novamente a tecla (=) 5 vezes, os próximos números obtidos foram:

_____.

▶ Reúna-se com um colega e discutam o que se pode concluir sobre os resultados obtidos.

Desafio

Rosana e Renato são irmãos e vão comprar um presente juntos para dar à mãe deles. Observe a quantia que cada um tem.

Sabendo que o presente custa 90 reais, eles conseguirão comprá-lo? Caso não consigam, quanto falta para eles completarem o valor?

_____

Unidade 6 — Figuras geométricas planas

Tarefa 19

1 Faça o que se pede em cada quadro.

> Trace uma linha reta unindo os pontos

> Trace uma linha curva unindo os pontos

2 Escreva quantos segmentos de reta podemos identificar nas figuras abaixo.

a)

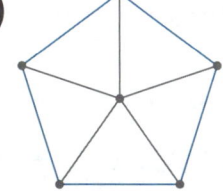

b)

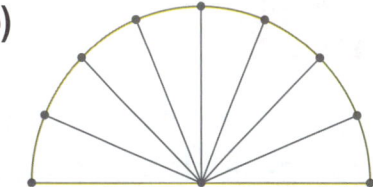

_____   _____

3 Observe as figuras.

A   B   C   D   E   F   G

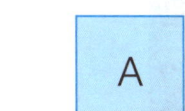

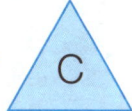

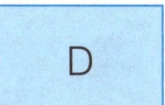

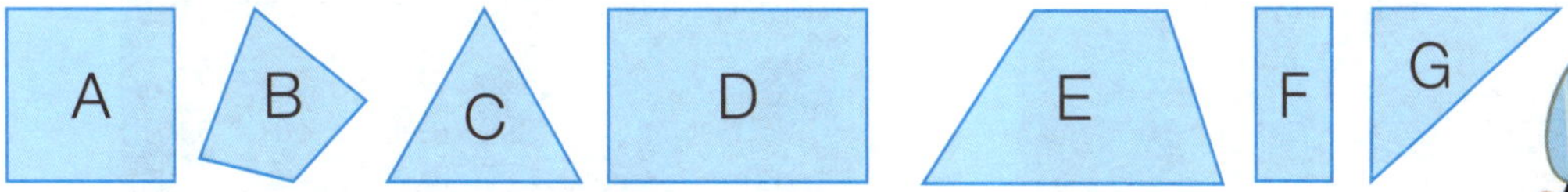

Agora, identifique:

a) os quadriláteros ▶ _____

b) o quadrado ▶ _____

c) os triângulos ▶ _____

Unidade 6 — Figuras geométricas planas

4 Descubra o segredo e continue pintando os quadradinhos de cada sequência.

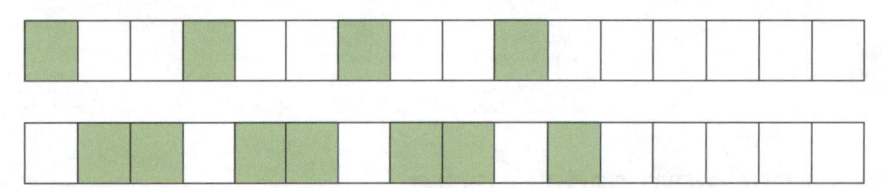

5 Construa um quadrado em cada malha quadriculada, seguindo os passos indicados.

a) Passos:

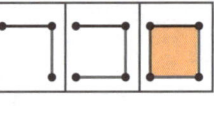

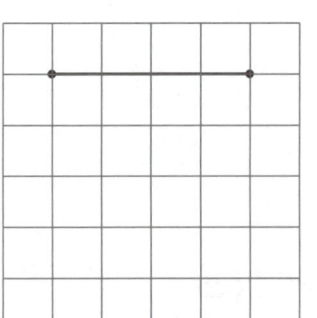

b) Passos:

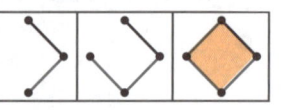

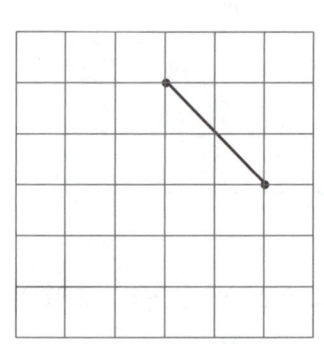

Desafio

No fim de semana, Oscar fez uma caminhada, realizando dois percursos. Observe-os nas ilustrações abaixo e use suas informações para completar as frases.

Percurso A
- 150 m
- 250 m
- 250 m
- 450 m

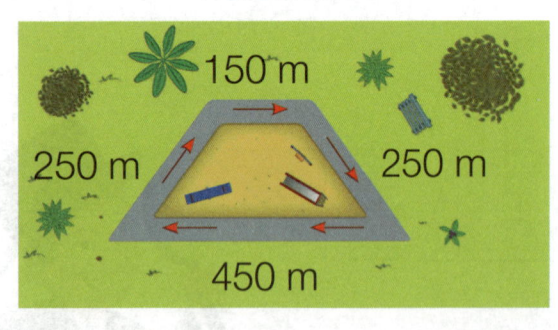

Percurso B
- 375 m
- 375 m
- 375 m

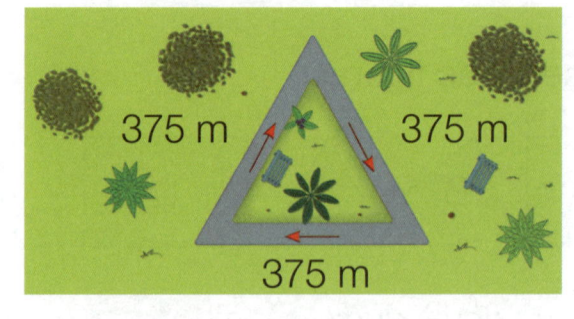

a) Distância percorrida no percurso A: _____

b) Distância percorrida no percurso B: _____

c) O percurso _____ é o mais curto.

Unidade 6 — Figuras geométricas planas

Tarefa 20

1 Escreva no quadro a quantidade de cada figura.

Quantidade de cada figura	
Figura	Quantidade
Retângulo	
Círculo	
Triângulo	
Quadrado	

2 Continue desenhando para obter as figuras indicadas.

a) Quadrado

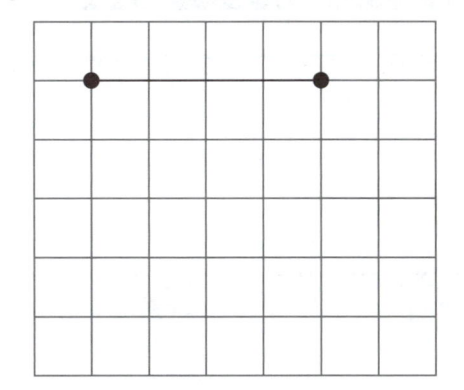

b) Retângulo

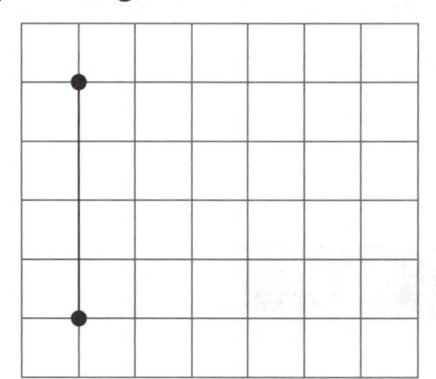

3 Complete as frases com as palavras abaixo.

quadrado   retângulo   círculo   polígonos

a) Os _____ são figuras cujos contornos são linhas fechadas que não se cruzam, formadas apenas por segmentos de reta.

b) O _____ é um quadrilátero que tem os 4 lados de medidas iguais.

c) O _____ não é um polígono.

d) O _____ tem 4 lados e 4 vértices.

quarenta e três 43

Unidade 6 — Figuras geométricas planas

4 Observe o navio na malha quadriculada da esquerda, desenhe sua redução na malha da direita e, depois, pinte-a.

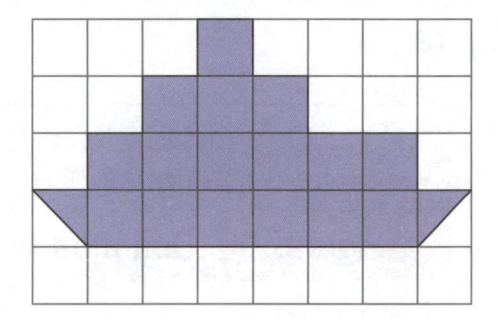

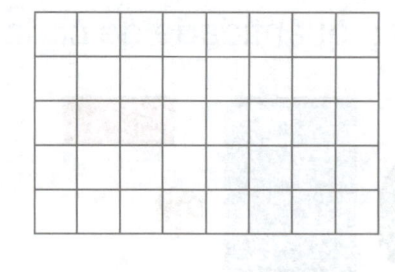

5 Observe a faixa decorativa abaixo.

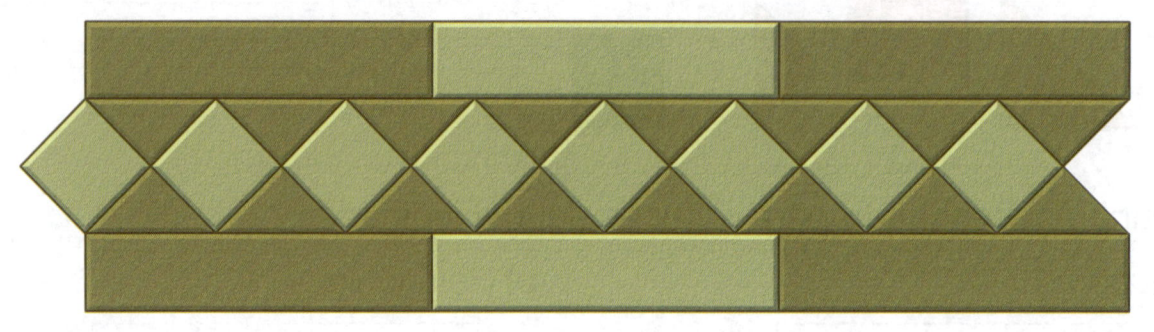

▶ Que figuras geométricas planas você identifica nessa faixa decorativa?

Desafio

Observe o mosaico.

▶ Marque com um **X** as figuras que são polígonos.

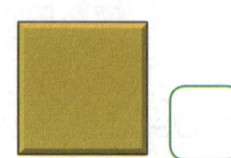

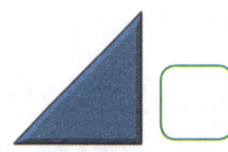

44 quarenta e quatro

Unidade 7 — Medidas de comprimento e de tempo

Tarefa 21

1 Uma peça de tecido tem 75 metros. Quantos metros terão 3 peças iguais a essa?

Três peças iguais a essa terão _____ metros.

2 Observe os retângulos e, depois, responda às questões.

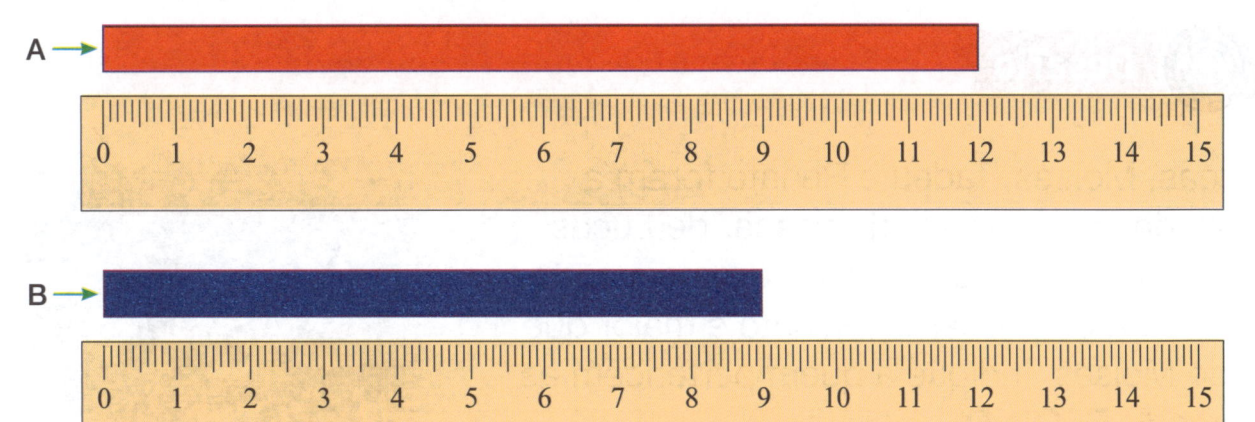

A →

B →

a) Qual é a medida do comprimento, em centímetro, do retângulo **A**?

E a do retângulo **B**? _____

b) Em quantos milímetros a medida do comprimento do retângulo **A** é maior que a do retângulo **B**? _____

quarenta e cinco 45

Unidade 7 — Medidas de comprimento e de tempo

3 Antônio construiu um muro de dois metros e meio de altura. Quantos centímetros de altura tem esse muro?

O muro tem _____ centímetros de altura.

4 Para encapar 2 dicionários, Pedro utilizou 1 metro de plástico. Quantos metros serão necessários para ele encapar 12 dicionários?

Serão necessários _____ metros de plástico.

Desafio

Lucas, Moisés, Tadeu e Renato foram a uma pescaria. A vara de pescar de Lucas é a mais longa e a de Tadeu é a mais curta. Já a vara de pescar de Renato é maior que a de Moisés. Indique a quem pertencem as varas **A**, **B**, **C** e **D**.

A _____
B _____
C _____
D _____

46 quarenta e seis

Unidade 7 — Medidas de comprimento e de tempo

Tarefa 22

1 Escreva a quantidade de dias de cada período.

a) Um ano bissexto ▶ _____

c) Uma quinzena ▶ _____

b) Um trimestre ▶ _____

d) Um bimestre ▶ _____

2 Observe o relógio ao lado e responda.

a) Que horário da madrugada ele está marcando?

_____

b) Quantos minutos faltam para as 3 horas?

_____

3 Complete a tabela e, depois, responda à questão.

	Saída de casa	Chegada à escola	Tempo de duração do percurso
Mário	8 h	8 h 30 min	
Iaci	8 h 15 min	8 h 30 min	
Bruno	8 h 10 min	8 h 30 min	
Isabela	8 h 20 min	8 h 30 min	

▶ Quem gastou menos tempo para chegar à escola?

_____

4 Escreva cada horário por extenso.

a) 4:50 _____

b) 22:40 _____

c) 7:55 _____

d) 9:30 _____

quarenta e sete **47**

Unidade 7 — Medidas de comprimento e de tempo

5 Quando Gabriela nasceu, seu pai tinha 28 anos. Se hoje Gabriela está completando 13 anos, quantos anos o pai dela tem?

O pai de Gabriela tem _____ anos.

6 Uma partida de handebol dura 1 hora. Na metade do jogo, ocorre um intervalo de 10 minutos.

a) Qual é a duração da partida de handebol em minutos?

_____

b) Com quanto tempo de jogo ocorre o intervalo?

_____

7 Uma partida de tênis teve início às 16 h 40 min e durou 3 h 10 min. A que horas essa partida terminou?

A partida terminou às _____.

Desafio

No filme *Avatar*, os seres do planeta Pandora têm, em média, 3 metros de altura. Já o ser humano tem altura média de 1 metro e 72 centímetros. Quantos centímetros, em média, os seres desse planeta imaginário são maiores que os seres humanos?

_____

Cena do filme *Avatar*, escrito e dirigido por James Cameron.

Unidade 7 — Medidas de comprimento e de tempo

Tarefa 23

1. Um esquiador iniciou sua descida no marco de 758 metros, chegando ao marco de 624 metros em 10 segundos. Quantos metros ele percorreu nesse tempo?

   O esquiador percorreu _____ metros em 10 segundos.

2. O piloto inglês Lewis Hamilton conquistou, em 2015, o título de tricampeão mundial de Fórmula 1 ao vencer o Grande Prêmio dos Estados Unidos com o tempo aproximado de 1 hora e 51 minutos. Esse tempo corresponde a quantos minutos?

   O tempo corresponde a _____ minutos.

3. Desenhe os ponteiros dos relógios analógicos de acordo com a hora indicada nos relógios digitais.

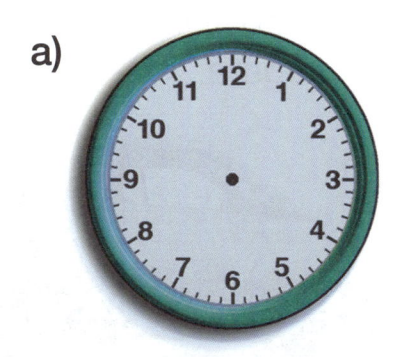

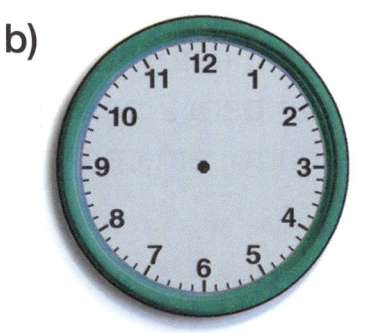

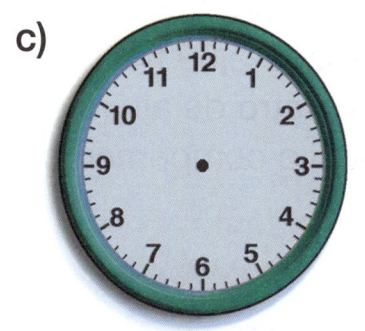

   a) 6:45

   b) 19:10

   c) 8:25

quarenta e nove 49

Unidade 7 — Medidas de comprimento e de tempo

4 Uma partida de futebol tem 2 tempos de 45 minutos mais os acréscimos. Em um jogo entre Flamengo e Fluminense, o juiz deu 4 minutos de acréscimo. Qual foi a duração total da partida, em minutos?

A duração total da partida foi _____ minutos.

5 Um rolo de papel de parede mede 25 metros de comprimento. Luís usou 10 metros no seu quarto e 12 metros no quarto de seu irmão. Quantos metros sobraram?

Sobraram _____ metros.

Desafio

O *Smart Fortwo* é um automóvel supercompacto, produzido para se locomover com facilidade em grandes centros urbanos, sempre congestionados, poluídos e com pouco espaço para estacionar. Ele mede 2,69 metros de comprimento, 1,56 metro de largura, 1,54 metro de altura e tem lugar para 2 pessoas.
Qual é o comprimento desse carro, em centímetros?

O comprimento do *Smart Fortwo* é _____ centímetros.

50 cinquenta

Unidade 8 — Multiplicação

Tarefa 24

1 Observe as imagens e, depois, complete.

a) 4 + 4 = ____ × ____ = ____

b) ____ + ____ + ____ = ____ × ____ = ____

2 Forme pares com as fichas que têm o mesmo resultado, pintando-as da mesma cor.

| 2 × 4 | 3 × 5 | 4 × 3 | 5 × 3 | 3 × 4 |

| 5 × 1 | 5 × 4 | 4 × 2 | 1 × 5 | 4 × 5 |

3 Observe o exemplo. Depois, escreva cada adição como uma multiplicação e dê o resultado.

Exemplo:
2 + 2 + 2 + 2 = 4 × 2 = 8

3 + 3 + 3 + 3 + 3 = _____ × _____ = _____

8 + 8 + 8 = _____ × _____ = _____

1 + 1 + 1 + 1 + 1 = _____ × _____ = _____

7 + 7 + 7 + 7 = _____ × _____ = _____

cinquenta e um 51

Unidade 8 — Multiplicação

4 Complete com os sinais = ou ≠.

a) 5 + 5 _____ 2 × 5

b) 3 × 5 _____ 5 × 3

c) 6 + 6 + 6 _____ 6 + 3

d) 7 + 7 + 7 + 7 _____ 4 × 7

e) 2 × 8 _____ 8 × 2

f) 3 + 4 _____ 4 × 3

5 Complete as multiplicações com os termos que faltam.

a) 4 × _____ = 28

b) 5 × _____ = 40

c) _____ × 9 = 36

d) _____ × 7 = 42

e) 7 × _____ = 56

f) 9 × _____ = 81

6 Calcule o produto de duas maneiras diferentes, conforme exemplo.

Exemplo:
4 × 2 × 3 =   4 × 2 × 3 =
= 8 × 3 =   = 4 × 6 =
= 24   = 24

2 × 3 × 3 =   2 × 3 × 3 =

Desafio

Observe a figura ao lado e determine:

a) com o auxílio de uma operação, o número de quadradinhos de cor verde;

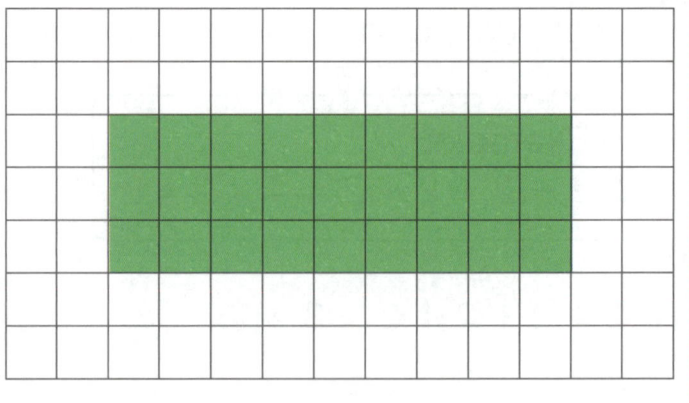

_____

b) com o auxílio de duas operações, o número de quadradinhos de cor branca.

_____

Unidade 8 — Multiplicação

Tarefa 25

1 Em cada caso, represente o total de quadradinhos por meio de uma multiplicação.

a)

_____ × _____ = _____

c)

_____ × _____ = _____

b)

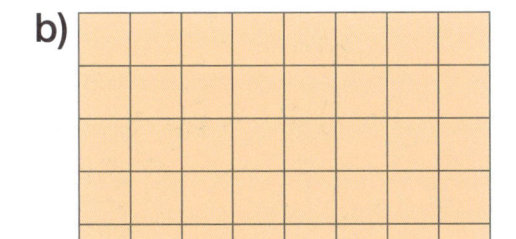

_____ × _____ = _____

d)

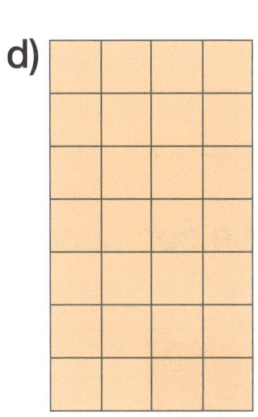

_____ × _____ = _____

2 Pinte os quadradinhos para indicar cada multiplicação e, depois, escreva os resultados.

a)

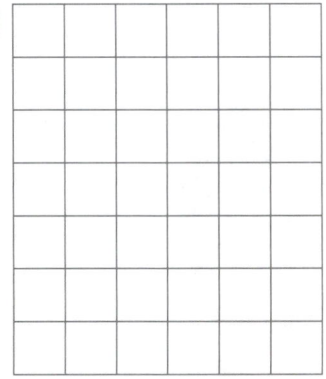

2 × 6 = _____

b)

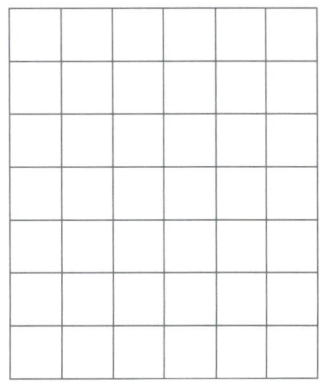

4 × 6 = _____

c)

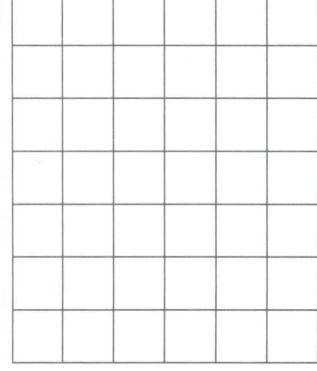

5 × 3 = _____

cinquenta e três

Unidade 8 **Multiplicação**

3 Complete, efetuando as multiplicações indicadas.

a) ×2 ×4
5, 3, 4, 10
×

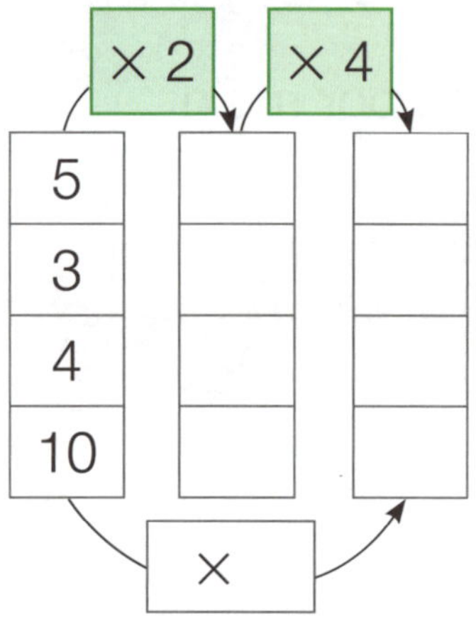

b) ×3 ×5
5, 3, 4, 10
×

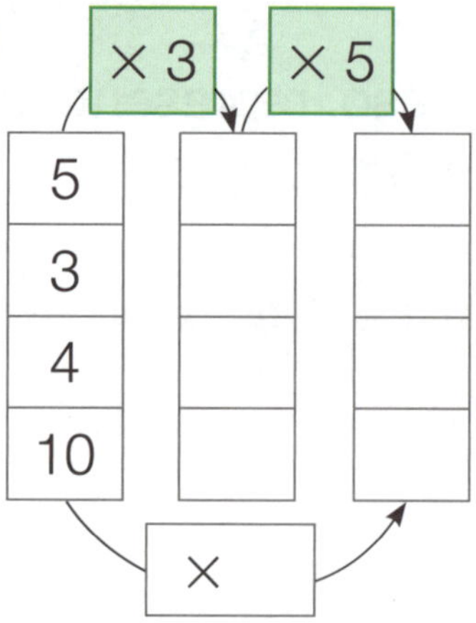

4 Calcule.

a) $78 \times 10 =$ _____
b) $56 \times 10 =$ _____
c) $9 \times 100 =$ _____
d) $3 \times 100 =$ _____
e) $13 \times 20 =$ _____
f) $19 \times 30 =$ _____

5 Observe a figura e complete.

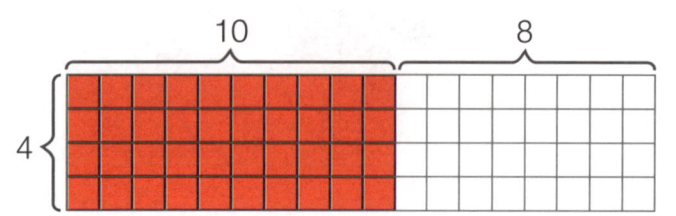

$4 \times 18 = 4 \times ($ _____ $+$ _____ $)$

$4 \times (10 + 8) = 4 \times$ _____ $+ 4 \times$ _____

$4 \times 10 + 4 \times 8 =$ _____ $+$ _____ $=$ _____

Desafio

Descubra o segredo e complete o quadro.

×			2
3	3	12	
2			6
		0	
			10

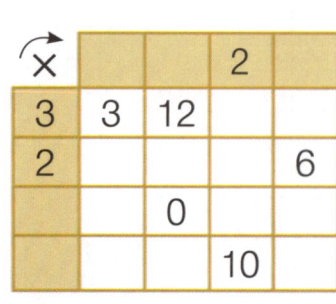

54 cinquenta e quatro

Unidade 8 — Multiplicação

Tarefa 26

1 Complete.

a) Um pacote contém 35 balas; 10 desses pacotes vão

conter _____ balas.

b) Uma caixa de fósforos contém 45 palitos; 100 caixas de fósforos

vão conter _____ palitos.

c) Em uma caixa são colocados 15 docinhos; em 100 dessas caixas serão

colocados _____ docinhos.

2 Efetue a multiplicação e complete.

```
   3 2 4
 ×     2
 ───────
```

a) 324 e 2 são os _____

b) O resultado chama-se _____

c) A operação efetuada é a _____

3 Complete o quadro de multiplicação.

×	0	1	2	3	4	5	6	7	8	9
2		2				10				
3										
4										
6			12							
8									64	
9										

cinquenta e cinco 55

Unidade 8 — Multiplicação

4 Complete.

a) _____ × 10 = 90 c) 8 × _____ = 0 e) 4 × _____ = 36

b) _____ × 10 = 70 d) _____ × 1 = 76 f) _____ × 8 = 800

5 Complete o quadro.

Número de objetos	Dobro	Triplo
26 réguas	_____ réguas	_____ réguas
42 canetas	_____ canetas	_____ canetas
160 apontadores	_____ apontadores	_____ apontadores
95 borrachas	_____ borrachas	_____ borrachas

6 Escreva duas multiplicações com dois números diferentes cujo produto seja o número indicado no quadrinho. Veja o exemplo:

Exemplo:
3 × 6
9 × 2
18

a) _____ _____ 24

b) _____ _____ 30

Desafio

Calcule quantos quadradinhos há na figura abaixo.

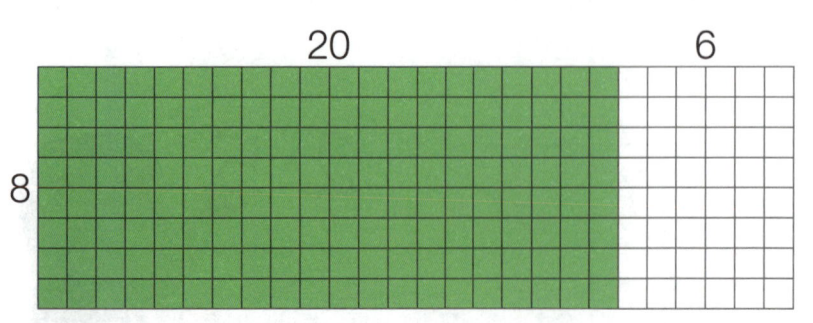

20   6

8

O total de quadradinhos é _____

56 cinquenta e seis

Unidade 8 — Multiplicação

Tarefa 27

1 Mônica montou um quebra-cabeça de 56 peças. Logo depois, montou outro quebra-cabeça com o dobro do número de peças do anterior. Quantas peças tem esse outro quebra-cabeça?

O outro quebra-cabeça tem _____ peças.

2 Vítor tinha 46 figurinhas. Seu pai lhe trouxe mais 12 pacotes com 6 figurinhas em cada um. Com quantas figurinhas Vítor ficou?

Vítor ficou com _____ figurinhas.

3 Um caminhão transporta 35 tijolos. Quantos tijolos são transportados:

a) em 10 desses caminhões? _____

b) em 100 desses caminhões? _____

4 Quantos pontos foram obtidos em cada um dos alvos?

A

B

A = _____

B = _____

Unidade 8 — Multiplicação

5 Em uma partida de basquete, o time A marcou 52 pontos, e o time B marcou o triplo de pontos do time A. Quantos pontos marcou o time B?

O time B marcou _____ pontos.

6 Paulo foi a uma loja comprar roupas e encontrou os preços da ilustração ao lado.

CAMISA DE ALGODÃO: 50 REAIS
CALÇA *JEANS*: 80 REAIS
BERMUDA: 30 REAIS
CAMISETA: 20 REAIS

Sabendo que Paulo comprou 6 camisas de algodão, 2 calças *jeans*, 3 bermudas e 4 camisetas, responda: quanto ele gastou?

Paulo gastou _____ reais.

Desafio

Observe a figura ao lado e responda.

3º piso
2º piso
1º piso

a) Quantos cubos há no 1º piso?

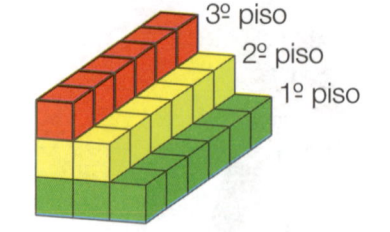

_____ × _____ = _____

b) Quantos cubos há no 2º piso? _____ × _____ = _____

c) Quantos cubos há no 3º piso? _____ × _____ = _____

d) Qual é o número total de cubos? _____ + _____ + _____ = _____

Unidade 8 — Multiplicação

Tarefa 28

1 O pai de Mário comprou uma bicicleta em 8 parcelas iguais de 65 reais. Quanto ele pagou por essa bicicleta?

8 parcelas de 65 reais

O pai de Mário pagou _____ reais pela bicicleta.

2 Um relojoeiro conserta 8 relógios em 1 dia. Quantos relógios ele conserta em 15 dias?

Em 15 dias ele conserta _____ relógios.

3 Em uma excursão escolar foram utilizados 6 ônibus, cada um transportando 45 alunos. Quantos alunos participaram dessa excursão?

Participaram dessa excursão _____ alunos.

4 Em um restaurante, a família de Luciana consumiu 4 refeições e 2 sobremesas. Sabendo que 1 refeição custa 30 reais e 1 sobremesa custa 8 reais, quanto a família de Luciana gastou?

A família de Luciana gastou _____ reais.

cinquenta e nove

Unidade 8 — Multiplicação

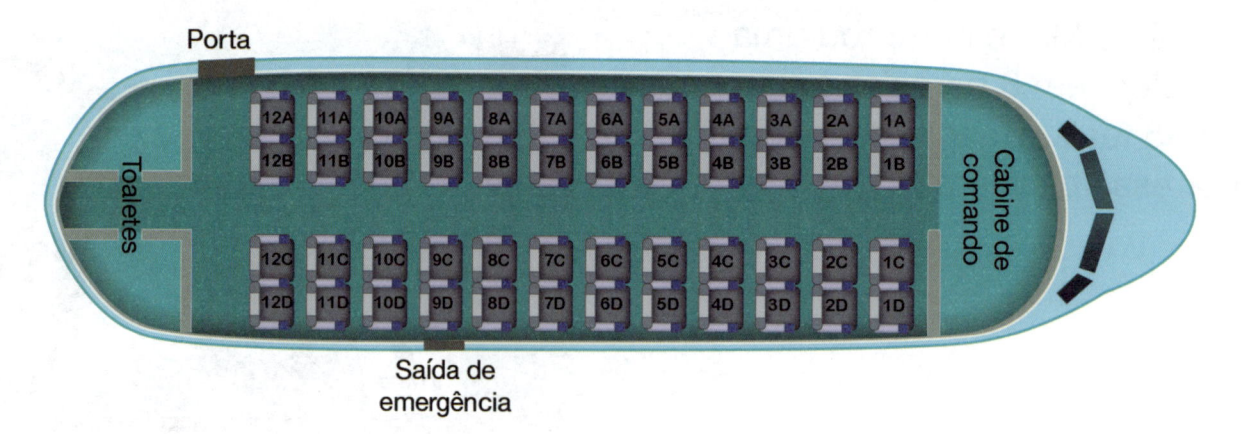

5 A ilustração abaixo representa a distribuição das poltronas em um avião. Quantas poltronas há nesse avião?

Nesse avião há _____ poltronas.

Desafio

Crie um problema que corresponda à situação representada na ilustração e que possa ser resolvido com uma multiplicação. Em seguida, resolva-o.

_____
_____
_____
_____
_____
_____

Unidade 8 — Multiplicação

Tarefa 29

1 Calcule de duas maneiras o número de peças que formam este quebra-cabeça.

_____ × _____ = _____ × _____ = _____

2 Calcule.

2 × 10 = _____

2 × 30 = _____

2 × 50 = _____

3 Observe a ilustração.

Agora, determine:

a) o número de quadrados pretos ▶ _____

b) o número de quadrados brancos ▶ _____

c) o número total de quadrados ▶ _____

sessenta e um

Unidade 8 — Multiplicação

4 Observe as figuras e complete.

a) 9 = ___ × ___

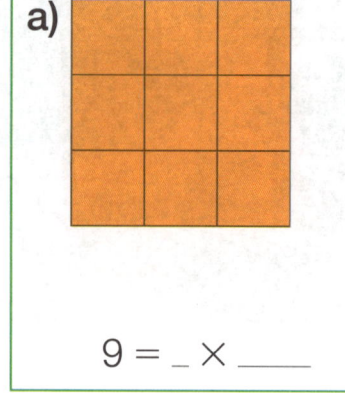

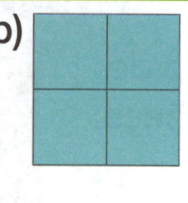

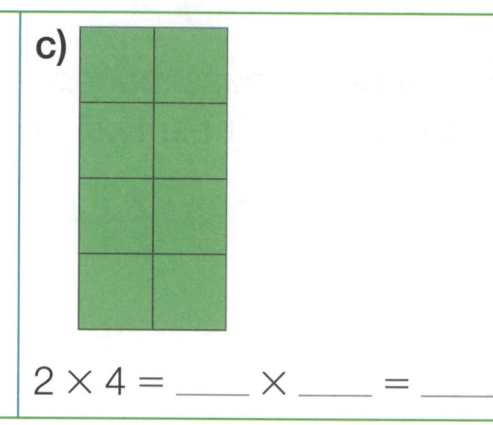

b) 4 = ___ × ___

c) 2 × 4 = ___ × ___ = ___

5 João comprou estes 3 brinquedos. Ele deu 300 reais para pagar. Quanto recebeu de troco?

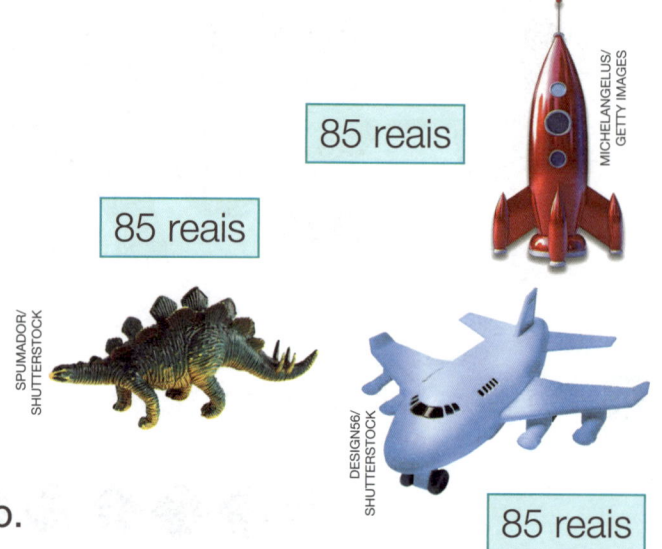

85 reais

85 reais

85 reais

João recebeu _____ reais de troco.

Desafio

Quantas caixas estão empilhadas no depósito?

Estão empilhadas no depósito _____ caixas.

Unidade 8 — Multiplicação

Tarefa 30

1 Calcule mentalmente e registre o resultado.

a) 2 × 3 = _____
b) 3 × 5 = _____
c) 2 × 30 = _____
d) 3 × 50 = _____
e) 20 × 30 = _____
f) 30 × 50 = _____

2 Rubens empilhou alguns blocos em seu quintal. Observe a ilustração e descubra quantos blocos Rubens empilhou.

Rubens empilhou _____ blocos.

3 Observe abaixo a coleção de carrinhos de Bruno.

a) Sem contar, estime a quantidade de carrinhos dessa coleção e responda: Você acha que há mais ou menos de 50 carrinhos?

_____

b) Determine a quantidade exata de carrinhos fazendo uma multiplicação.

_____

c) O número que você estimou ficou próximo do número exato? Que estratégia você usou para fazer a estimativa? Converse com os colegas e o professor sobre isso.

_____

sessenta e três

Unidade 8 — Multiplicação

4 Vânia tem para vender 4 caixas com 12 miniaturas de dinossauro em cada uma. Quantas miniaturas de dinossauro Vânia tem para vender ao todo?

Ao todo, Vânia tem _____ miniaturas de dinossauro para vender.

Desafio

Ênio brinca de batalha naval. Veja como ele distribuiu sua esquadra na malha quadriculada.

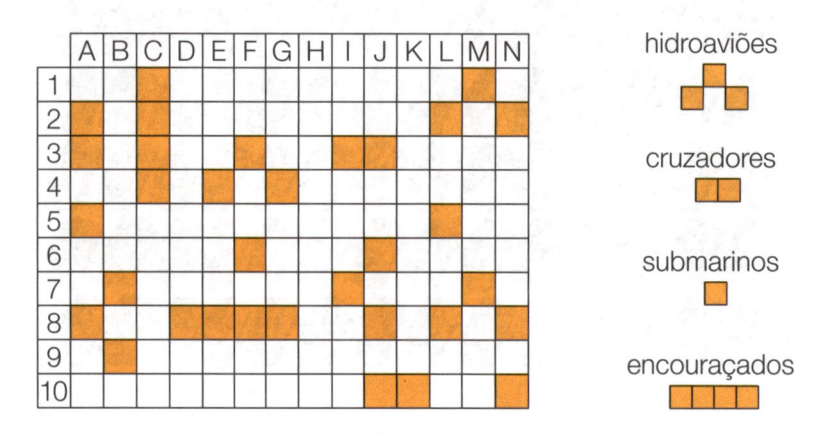

hidroaviões

cruzadores

submarinos

encouraçados

Represente com uma multiplicação cada item a seguir.

a) Quantas casas tem a malha quadriculada? _____ × _____ = _____

b) Quantas casas ocupam os 5 hidroaviões? _____ × _____ = _____

c) Quantas casas ocupam os 3 cruzadores? _____ × _____ = _____

d) E os 2 encouraçados? _____ × _____ = _____

e) E os 4 submarinos? _____ × _____ = _____

▶ Agora, responda: Quantas casas ficaram desocupadas?

_____

64 sessenta e quatro

Unidade 8 — Multiplicação

Tarefa 31

1. Para a festa de aniversário de Clara, foram compradas 35 caixas com garrafas de suco de laranja iguais à representada ao lado. Quantas garrafas de suco de laranja foram compradas?

Foram compradas _____ garrafas de suco de laranja.

2. Cada vagão do trem abaixo contém 64 assentos. Quantos assentos há, ao todo, nesse trem?

Nesse trem há, ao todo, _____ assentos.

3. No pavilhão de um centro de eventos há 4 salões com 220 poltronas em cada um deles. Quantas poltronas há, ao todo, nesses 4 salões?

Ao todo, há _____ poltronas.

sessenta e cinco 65

Unidade 8 — Multiplicação

4 Observe as medidas de um campo de futebol.

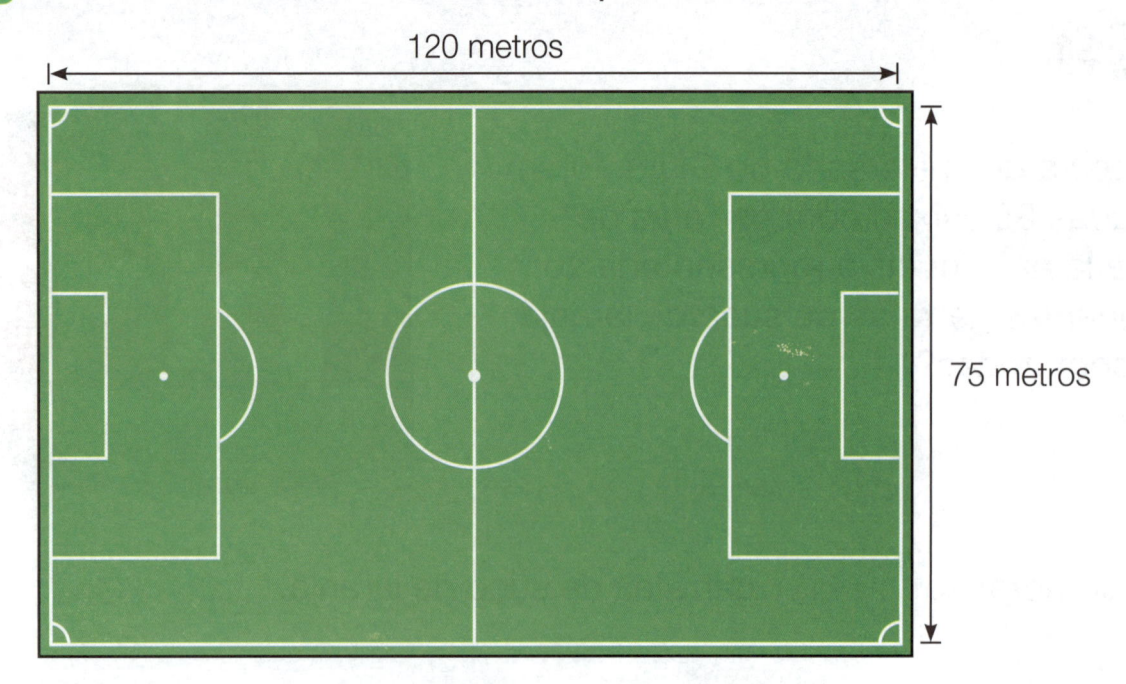

120 metros

75 metros

a) Qual é o comprimento do contorno desse campo?

O comprimento do contorno desse campo é de _____ metros.

b) Uma pessoa deu duas voltas, contornando esse campo. Quantos metros ela percorreu?

A pessoa percorreu _____ metros.

Desafio

Para uma festa, serão necessárias 800 garrafas de suco. Se já foram compradas 40 caixas com 12 garrafas de suco de caju e 20 caixas com 14 garrafas de suco de uva, quantas garrafas de suco ainda precisam ser compradas para essa festa?

Ainda precisam ser compradas _____ garrafas de suco.

Unidade 8 — Multiplicação

Tarefa 32

1 Leia e responda às questões.

Lúcio e Rubens praticam os 4 estilos de nado.

livre   costas   peito   borboleta

O professor Ricardo tem de escolher Lúcio ou Rubens para participar de uma competição, além de indicar um estilo de nado para o competidor.

a) Faça uma lista com todas as possibilidades que o professor Ricardo tem para essa escolha. Depois, conte-as.

_____

_____

_____

_____

b) É possível saber o número de possibilidades sem fazer uma tabela ou lista? Como?

_____

2 Bruno encontrou o resultado de 7 x 4 usando uma calculadora em que a tecla ⨯ não estava funcionando. Veja como ele fez.

4 + 4 + 4 + 4 + 4 + 4 + 4 =

a) Qual foi o resultado encontrado por Bruno? _____

b) Que outras teclas Bruno poderia ter usado para encontrar esse resultado? Represente-as.

sessenta e sete 67

Unidade 8 Multiplicação

3 Observe a caixa de ovos ao lado. Qual é o número máximo de ovos que podem ser embalados em 9 caixas desse tipo?

Em 9 caixas cabem, no máximo, _____ ovos.

Desafio

Uma empresa fez um quadro com a quantidade e o preço de algumas ferramentas que comprou.

Ferramentas compradas pela empresa		
Ferramenta	Preço	Quantidade
Martelo	12 reais	3
Alicate	21 reais	4
Furadeira	112 reais	2

Quanto essa empresa gastou ao todo na compra das ferramentas?

A empresa gastou _____ reais na compra das ferramentas.

68 sessenta e oito

Unidade 8 — Multiplicação

Tarefa 33

1 Um palhaço tem 4 perucas e 3 gravatas. De quantas maneiras diferentes ele pode se fantasiar? Continue pintando o desenho com todas as combinações.

O palhaço pode se fantasiar de _____ maneiras diferentes.

2 Lucas, Mário e Isabela estão jogando *videogame*. Lucas tem o dobro de pontos de Mário, e Isabela tem o triplo de pontos de Mário. Quantos pontos têm Lucas e Isabela, se Mário tem 160 pontos?

Lucas tem _____ pontos, e Isabela tem _____ pontos.

sessenta e nove

Unidade 8 — Multiplicação

3 Roberto comprou 6 quadros. Cada quadro custou 145 reais. Quanto ele gastou?

Roberto gastou _____ reais.

4 Angélica montou um quebra-cabeça de um dos maiores transatlânticos de cruzeiro do mundo, o *Oasis of the Seas*. Observe a imagem ao lado e descubra quantas peças foram utilizadas nesse quebra-cabeça.

Foram utilizadas _____ peças.

Desafio

Observe como Maria resolveu este problema:

> A médica da escola atendeu 3 grupos de 7 alunos no período da manhã e outros 6 grupos de 7 alunos no período da tarde. Quantos alunos a médica atendeu?
>
> Todos os grupos têm 7 alunos.
> quantidade de grupos: 3 + 6 = 9
> total de alunos: 9 × 7 = 63   A médica atendeu 63 alunos.

a) A resolução de Maria está correta? Explique.

_____

b) Existe outra maneira de resolver o problema? Em caso afirmativo, qual?

_____

Unidade 9 — Divisão

Tarefa 34

1. Jonas repartiu igualmente 20 chocolates entre seus 4 sobrinhos. Quantos chocolates cada sobrinho recebeu?

Cada sobrinho recebeu _____ chocolates.

2. Escreva o nome dos termos.

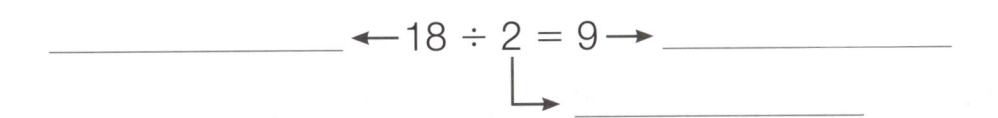

_____ ← $18 \div 2 = 9$ → _____

_____

3. Para andar 9 quilômetros, um carro gasta 1 litro de combustível. Quantos litros de combustível esse carro gasta para andar 324 quilômetros?

Esse carro gasta _____ litros para andar 324 quilômetros.

4. Ligue cada divisão ao seu resultado.

$15 \div 3$	$14 \div 2$	$20 \div 2$	$24 \div 3$
10	5	8	7

setenta e um 71

Unidade 9 — Divisão

5 Calcule o resultado das operações.

a) 1 0	2	b) 1 4	2	c) 1 8	3	d) 3 0	3

6 Efetue as divisões e complete.

a) dividendo ▶ 18
   divisor ▶ 2
   quociente ▶ _____
   resto ▶ _____

b) dividendo ▶ 27
   divisor ▶ 3
   quociente ▶ _____
   resto ▶ _____

7 Encontre os dividendos para obter o mesmo quociente em cada item.

a) _____ ÷ 2
   _____ ÷ 3 } = 7

b) _____ ÷ 2
   _____ ÷ 3 } = 8

c) _____ ÷ 2
   _____ ÷ 3 } = 9

Desafio

Invente um problema em que a resposta possa ser obtida pela divisão:

$$120 \div 5 = 24$$

_____
_____
_____
_____

Unidade 9 — Divisão

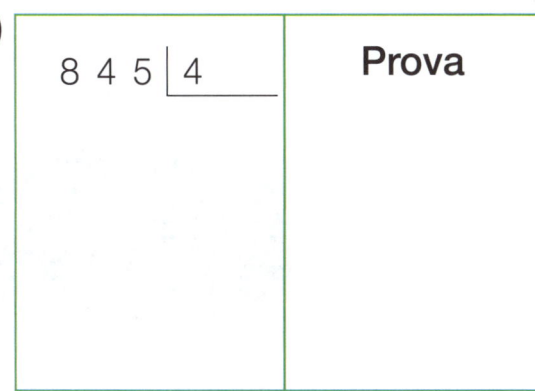

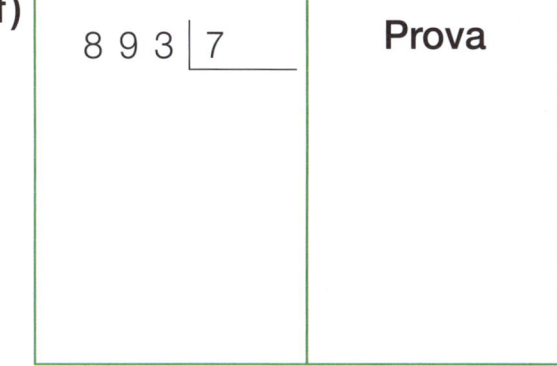

Tarefa 35

1 Descubra o divisor.

a) 56 ÷ ☐ = 7

b) 70 ÷ ☐ = 7

c) 63 ÷ ☐ = 7

d) 45 ÷ ☐ = 9

e) 72 ÷ ☐ = 9

f) 81 ÷ ☐ = 9

g) 48 ÷ ☐ = 6

h) 30 ÷ ☐ = 6

i) 42 ÷ ☐ = 6

2 Resolva e tire a prova.

a)
```
   7 6
 ×   5
```
Prova

b) 760 | 8

Prova

c) 845 | 4

Prova

d)
```
   1 1 9
 ×     7
```
Prova

e) 924 | 6

Prova

f) 893 | 7

Prova

setenta e três

Unidade 9 Divisão

3 Complete tornando as igualdades verdadeiras.

a) 8 ÷ 2 = _____; logo, 4 × 2 = _____
b) 21 ÷ 3 = _____; logo, 7 × 3 = _____
c) 24 ÷ 3 = _____; logo, 8 × 3 = _____
d) 18 ÷ 2 = _____; logo, 9 × 2 = _____

4 Em uma divisão exata, o quociente é 6, e o divisor é 7. Qual é o dividendo?

dividendo _____ ☐ ☐ _____ divisor

resto _____ ☐ ☐ _____ quociente

O dividendo é _____.

5 Em uma divisão não exata, o quociente é 3, o divisor é 5, e o resto é 4. Qual é o dividendo?

O dividendo é _____.

Desafio

As turmas A, B e C têm, respectivamente, 30, 37 e 35 alunos. Todos eles foram ao parque de diversões e passearam em uma roda-gigante na qual cabiam 3 crianças em cada cabine. Quantas cabines, no mínimo, seriam utilizadas se todos os alunos passeassem ao mesmo tempo na roda-gigante?

Seriam utilizadas _____ cabines.

Unidade 9 — Divisão

Tarefa 36

1 Uma empresa precisa transportar 144 motocicletas, que serão distribuídas igualmente entre 8 caminhões. Quantas motocicletas cada caminhão vai transportar?

Cada caminhão vai transportar _____ motocicletas.

2 Para participar de uma competição, 72 ciclistas foram distribuídos em equipes de 4 atletas cada uma. Quantas equipes foram formadas?

Foram formadas _____ equipes.

3 A professora Flávia distribuiu 108 revistas de histórias em quadrinhos, em quantidades iguais, entre Isabela, Iaci e Mário. Quantas revistas cada um recebeu?

Cada um recebeu _____ revistas.

setenta e cinco 75

Unidade 9 — Divisão

4 O mês de julho tem 31 dias. Esse mês é formado por quantas semanas completas?

O mês de julho é formado por _____ semanas completas e _____ dias.

5 Para as olimpíadas de Matemática, os 135 alunos dos 3ᵒˢ anos foram organizados em 9 equipes. Quantos alunos ficaram em cada equipe?

Ficaram em cada equipe _____ alunos.

Desafio

Um trem é composto de vários vagões. Cada vagão é dividido em 8 setores de 12 lugares. Quantos vagões são necessários para transportar 700 empregados de uma fábrica?

São necessários _____ vagões.

Unidade 9 — Divisão

Tarefa 37

1 Mateus tinha 65 bonecos de super-heróis. Ele resolveu dividi-los igualmente entre 3 amigos.

a) Quantos bonecos cada um recebeu? Quantos bonecos sobraram?

Cada amigo recebeu _____ bonecos, e sobraram _____ bonecos.

b) Se, em vez de 65 bonecos, Mateus tivesse 66, o que aconteceria?

_____

2 Ronaldo ganhou 104 canetas. Ficou com 20, e o restante distribuiu igualmente entre 7 amigos. Quantas canetas cada amigo recebeu?

Cada amigo recebeu _____ canetas.

3 Um grupo de ciclistas percorreu 72 quilômetros em 6 horas. Mantendo esse ritmo, quantos quilômetros esse grupo percorrerá em 9 horas?

Em 9 horas esse grupo percorrerá _____ quilômetros.

setenta e sete 77

Unidade 9 – Divisão

4 Pedro tinha 784 laranjas em seu mercado. Ele vendeu 576 e distribuiu o restante, igualmente, em 2 sacos. Quantas laranjas Pedro colocou em cada saco?

Pedro colocou _____ laranjas em cada saco.

5 Bruno tinha uma coleção com 26 barquinhos. Construiu mais 5 dezenas. Juntou todos e os distribuiu igualmente em 4 prateleiras da estante de seu quarto. Quantos barquinhos ele colocou em cada prateleira?

Bruno colocou _____ barquinhos em cada prateleira.

Desafio

Ricardo levou algumas crianças ao parque de diversões. Lá, ele comprou 272 fichas. Distribuiu 7 a cada criança e ficou com as 6 que sobraram. Quantas crianças foram ao parque com Ricardo?

Foram ao parque com Ricardo _____ crianças.

78 setenta e oito

Unidade 9 — Divisão

Tarefa 38

1 Márcia quer dividir 27 flores para fazer ramalhetes com 6 flores em cada um. Quantos ramalhetes serão formados? Quantas flores sobrarão?

Serão formados _____ ramalhetes, e sobrarão _____ flores.

2 Os 88 alunos do 3º ano e os 82 alunos do 4º ano de uma escola vão assistir a uma peça de fantoches. Sabendo que as poltronas do teatro estão organizadas em fileiras com 9 poltronas em cada uma, responda às questões.

a) Quantos alunos vão ao teatro? _____

b) Quantas fileiras ficarão completas após os alunos sentarem?

_____

c) Quantos alunos ficarão na fileira incompleta? _____

3 Qual é o resultado da divisão de 600 por 4?

O resultado é _____ .

Unidade 9 — Divisão

4 Pinte de 🔵 os quadradinhos que têm números pares.

37	38	39	40	41	42	43	44	45
70	71	72	73	74	75	76	77	78
95	96	97	98	99	100	101	102	103

5 Para transportar os 405 alunos de uma escola, foi necessário organizá-los em quantidades iguais nos 9 ônibus escolares. Quantos alunos foram em cada ônibus?

Foram _____ alunos em cada ônibus.

Desafio

Gustavo tinha 245 moedas. Ele deu 2 dezenas de moedas à irmã dele. O restante distribuiu igualmente em 3 cofrinhos. Quantas moedas Gustavo colocou em cada cofrinho?

Gustavo colocou _____ moedas em cada cofrinho.

Unidade 9 — Divisão

Tarefa 39

1 Calcule o valor do ☐ nas seguintes operações:

a) ☐ + 37 = 53

b) ☐ − 19 = 42

c) ☐ × 9 = 279

d) ☐ ÷ 4 = 108

e) ☐ + 76 = 204

f) ☐ − 87 = 134

g) ☐ × 7 = 294

h) ☐ ÷ 8 = 112

2 Ana pensou em um número. Depois, ela multiplicou esse número por 9 e obteve como resultado 108. Em que número Ana pensou?

Ana pensou no número _____.

Unidade 9 **Divisão**

3 Se Flávia ganhar mais 5 reais, ficará com 29 reais. Quantos reais ela tem?

Flávia tem _____ reais.

4 Jorge pensou em um número. Multiplicando esse número por 3, ele obteve o maior número de dois algarismos. Em que número Jorge pensou?

Jorge pensou no número _____.

5 Paulo distribuiu seus peixinhos igualmente em 5 aquários. Cada aquário ficou com 24 peixinhos. Quantos peixinhos Paulo tem?

Paulo tem _____ peixinhos.

Desafio

Represente de duas formas um modo de o arqueiro atingir 100 pontos com apenas 3 flechas.

_____

_____

Unidade 9 – Divisão

Tarefa 40

1 Efetue a divisão de cada número a seguir por 2 e cerque com uma linha os números que são pares.

| a) 44 | b) 108 | c) 319 |

2 Iaci dividiu igualmente 5 dúzias de maçãs entre seis amigos. Quantas maçãs recebeu cada amigo?

Cada amigo recebeu _____ maçãs.

3 Explique o que foi feito no quadro abaixo.

🪙 = 100 centavos   e   100 centavos ÷ 2 = 🪙

_____

_____

_____

oitenta e três 83

Unidade 9 — Divisão

4 Carlos vai distribuir, igualmente, 7 dúzias de bombons entre seus 6 netos. Quantos bombons receberá cada neto?

Cada neto receberá _____ bombons.

5 Marcos comprou 4 camisetas de 45 reais cada uma e, para pagar, usou 2 cédulas de 100 reais.

▶ Quanto Marcos recebeu de troco? _____

Desafio

Como prêmio de uma gincana, 5 alunos ganharam, juntos, 155 reais. O prêmio foi entregue a eles com as cédulas ao lado.

Como eles poderiam trocar essas cédulas para repartir igualmente essa quantia em dinheiro? Quanto ganharia cada um?

Unidade 9 — Divisão

Tarefa 41

1 Isabela queria encontrar o resultado de 20 ÷ 5 utilizando sua calculadora, mas a tecla ÷ estava quebrada. Veja como ela fez para calcular o resultado dessa divisão:

A partir do 20 fui subtraindo 5 unidades até não sobrar nada. Assim, como tive de fazer isso 4 vezes, descobri que o número 5 cabe 4 vezes em 20. Então: 20 ÷ 5 = 4

2 0 − 5 = 15

1 5 − 5 = 10

1 0 − 5 = 5

5 − 5 = 0

Agora, usando uma calculadora, faça como Isabela para descobrir os resultados das divisões abaixo e registre-os.

a) 12 ÷ 3 = _____

b) 30 ÷ 6 = _____

c) 32 ÷ 8 = _____

d) 100 ÷ 20 = _____

e) 54 ÷ 9 = _____

f) 81 ÷ 9 = _____

2 Daniela tinha 12 reais, e Marceli, 14 reais. Elas juntaram essas quantias e compraram duas bonecas iguais. Sabendo que elas gastaram todo o dinheiro, calcule o preço de cada boneca.

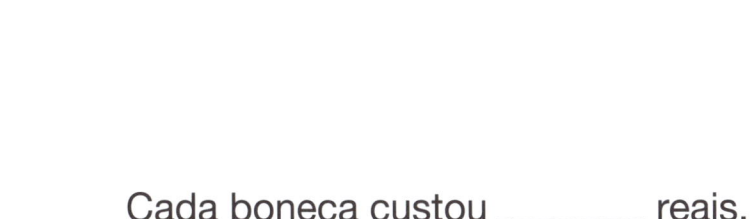

Cada boneca custou _____ reais.

Unidade 9 — Divisão

3 Uma fábrica produz 605 doces de leite por dia. Eles são colocados em embalagens com 5 unidades. Quantas embalagens são utilizadas por dia?

São utilizadas _____ embalagens por dia.

4 Maria quer distribuir estas moedas, igualmente, entre suas filhas Lívia e Carol.

a) Quantas moedas receberá cada uma delas? _____

b) Sobrará alguma moeda? Se sim, quantas? _____

c) A divisão de 17 por 2 é exata ou não exata? _____

Desafio

Quando o ponteiro é girado, a seta tem mais chance de parar em qual número?

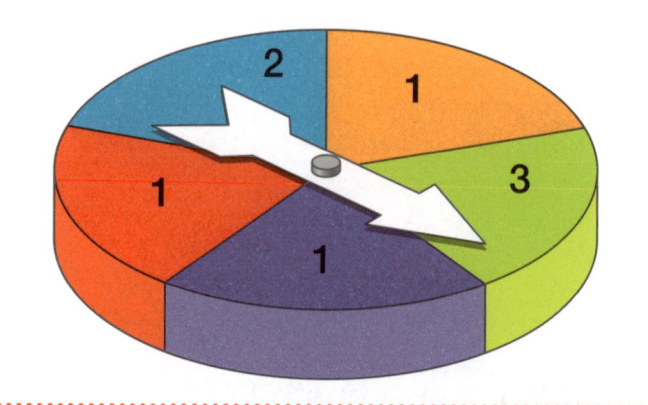

_____

Unidade 10 — Números na forma de fração

Tarefa 42

1 Complete.

a) Dividi uma maçã ao meio. Cada uma das duas partes obtidas corresponde à _____ da maçã.

b) Dividi um chocolate em três partes iguais. Cada parte corresponde à _____ do chocolate.

c) Dividi uma *pizza* em cinco partes iguais. Cada parte corresponde à _____ da *pizza*.

2 Represente as frações correspondentes às partes azuis.

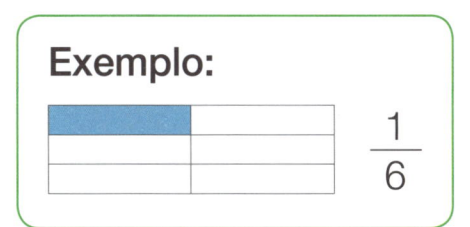

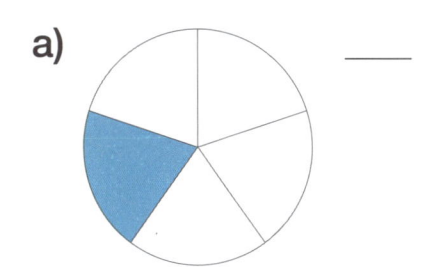

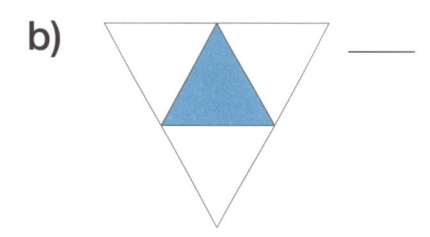

Exemplo: $\dfrac{1}{6}$

a) _____

b) _____

3 Calcule:

a) a metade de 68 ▸ _____

b) a terça parte de 93 ▸ _____

c) a sexta parte de 96 ▸ _____

d) a quarta parte de 104 ▸ _____

e) a quinta parte de 330 ▸ _____

f) a nona parte de 414 ▸ _____

g) a décima parte de 520 ▸ _____

h) a sétima parte de 154 ▸ _____

oitenta e sete

Unidade 10 — Números na forma de fração

4 Que fração da malha quadriculada representa a parte pintada de vermelho? _____

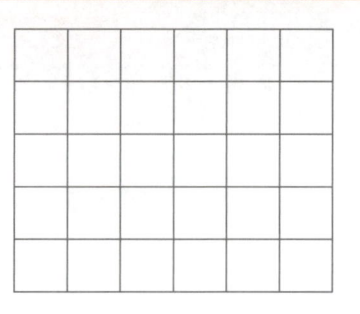

5 Pinte a metade dos elementos de cada quadro.

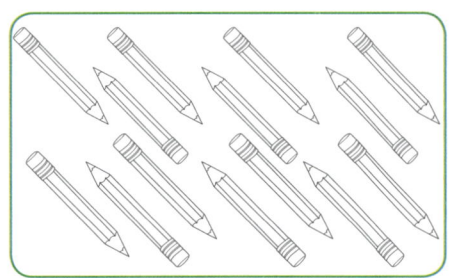

a)

b)

6 Escreva por extenso.

a) $\dfrac{1}{3}$ ▶ _____

b) $\dfrac{1}{4}$ ▶ _____

c) $\dfrac{1}{5}$ ▶ _____

d) $\dfrac{1}{7}$ ▶ _____

Desafio

Observe as sequências de dominós abaixo. Descubra o segredo e complete com os pontos que faltam.

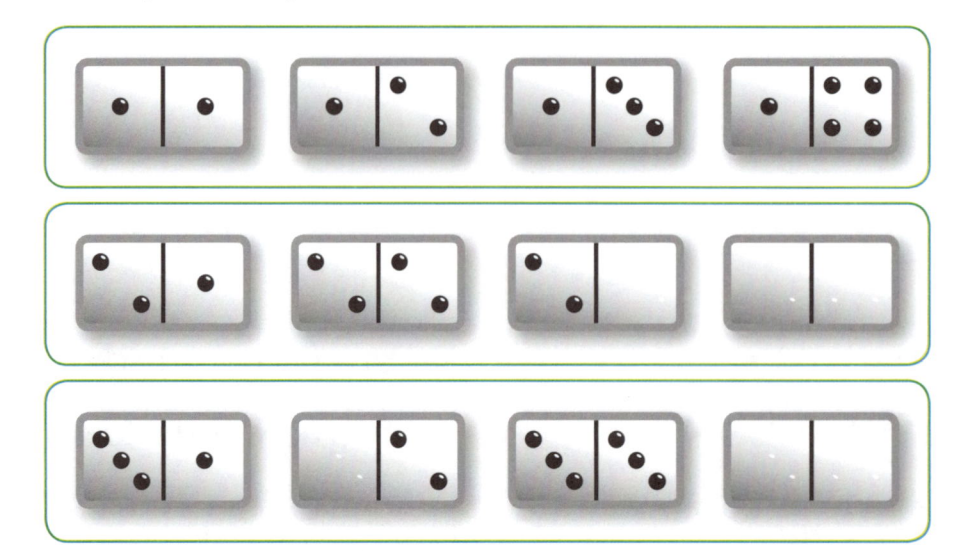

88 oitenta e oito

Unidade 10 — Números na forma de fração

Tarefa 43

1 Calcule:

a) a metade de 100 ▶ _____

b) a terça parte de 180 ▶ _____

c) a quarta parte de seis dezenas ▶ _____

d) a sexta parte de cinco dúzias ▶ _____

2 Responda.

a) Qual é o número cuja metade é 15? _____

b) Qual é o número cuja terça parte é 10? _____

3 Pinte a quarta parte de cada figura abaixo.

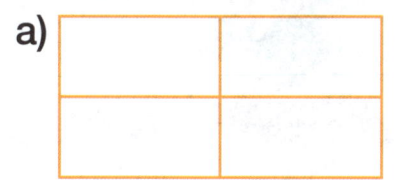

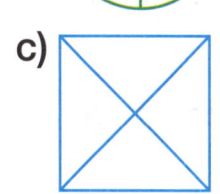

a)

b)

c)

4 Em uma gincana, participaram 32 crianças. Em cada grupo formado foi colocado $\dfrac{1}{8}$ da quantidade de crianças. Quantas crianças ficaram em cada grupo? E quantos grupos havia ao todo?

Cada grupo ficou com _____ crianças. Havia _____ grupos ao todo.

oitenta e nove

Unidade 10 — Números na forma de fração

5 César tinha 60 bolinhas. Deu $\frac{1}{4}$ delas para seu irmão e $\frac{1}{3}$ para sua irmã. Com quantas ficou?

César ficou com _____ bolinhas.

6 Com $\frac{1}{4}$ de uma folha de papel, Levi fez 3 aviões. Quantos aviões ele pode fazer com a folha toda?

Levi pode fazer _____ aviões com a folha toda.

Desafio

Copie na figura 2 as linhas de cor verde e os pontos que você vê na figura 1.

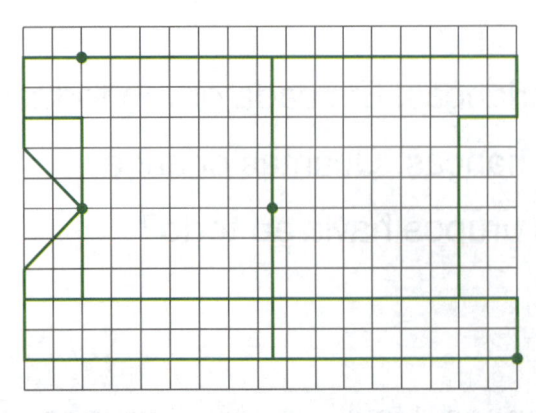

Figura 1 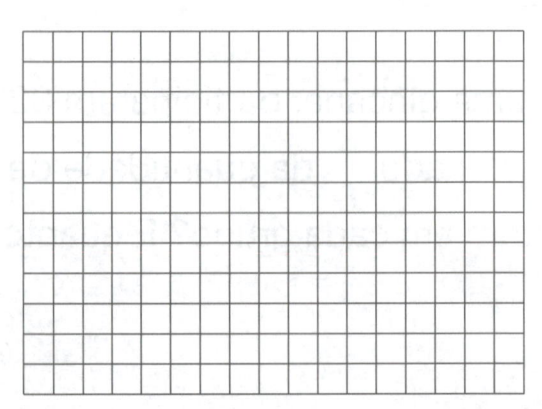   Figura 2

Unidade 10 — Números na forma de fração

Tarefa 44

1 Pinte de vermelho $\frac{1}{4}$ dos quadradinhos.

2 Determine:

a) $\frac{1}{2}$ de 3 dúzias ▶ _____

b) $\frac{1}{3}$ de 9 dezenas ▶ _____

c) $\frac{1}{5}$ de 1 centena ▶ _____

3 Renan vai comprar um *skate* e um carrinho. O carrinho custa $\frac{1}{3}$ do preço do *skate*. Quanto custa o carrinho?

72 reais

? reais

O carrinho custa _____ reais.

4 Marque com um **X** a figura em que está faltando $\frac{1}{4}$.

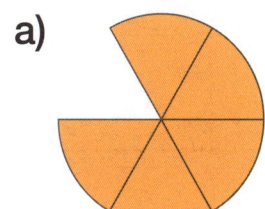

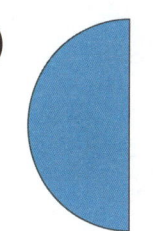

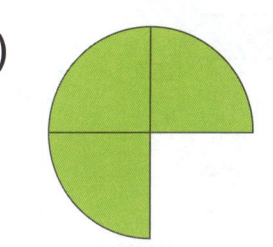

a) b) c) d)

noventa e um **91**

Unidade 10 — Números na forma de fração

5 Rosa dorme um terço do dia. Quantas horas, por dia, ela dorme?

Rosa dorme _____ horas por dia.

6 Fernanda comprou 4 caixas de lápis de cor, cada caixa com 1 dezena, e ganhou mais 1 dúzia de lápis pretos.

Do total dos lápis, ela deu $\frac{1}{4}$ para sua amiga. Quantos lápis restaram para Fernanda?

Restaram _____ lápis para Fernanda.

Desafio

Preencha o quadro com os números das porcas usadas em parafusos que cabem exatamente nas chaves A, B e C.

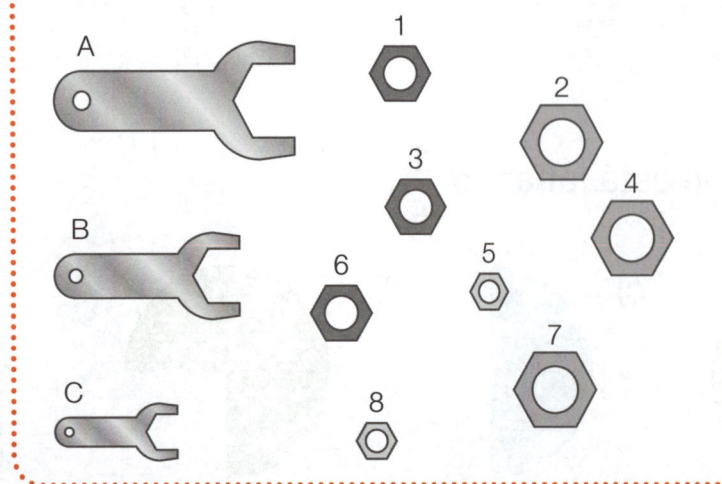

Chave A	Chave B	Chave C

92 noventa e dois

Unidade 11 — Deslocamento, localização e simetria

Tarefa 45

1 Trace o caminho saindo de A e chegando a B de acordo com o código a seguir.

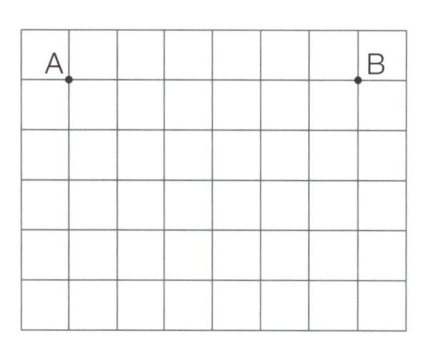

2 → | 4 ↓ | 2 → | 3 ↑ | 2 → | 1 ↑

2 Descreva o caminho que Bruno deve fazer para chegar à casa de Ana.

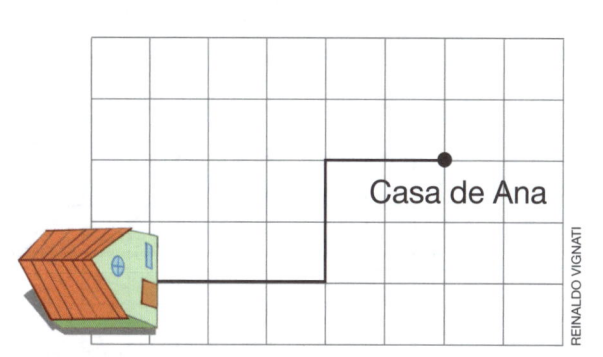

_____

_____

_____

_____

Casa de Bruno

Casa de Ana

3 Observe a figura na malha a seguir e desenhe, em posição diferente, outra figura que tenha o mesmo formato e seja formada pela mesma quantidade de quadradinhos.

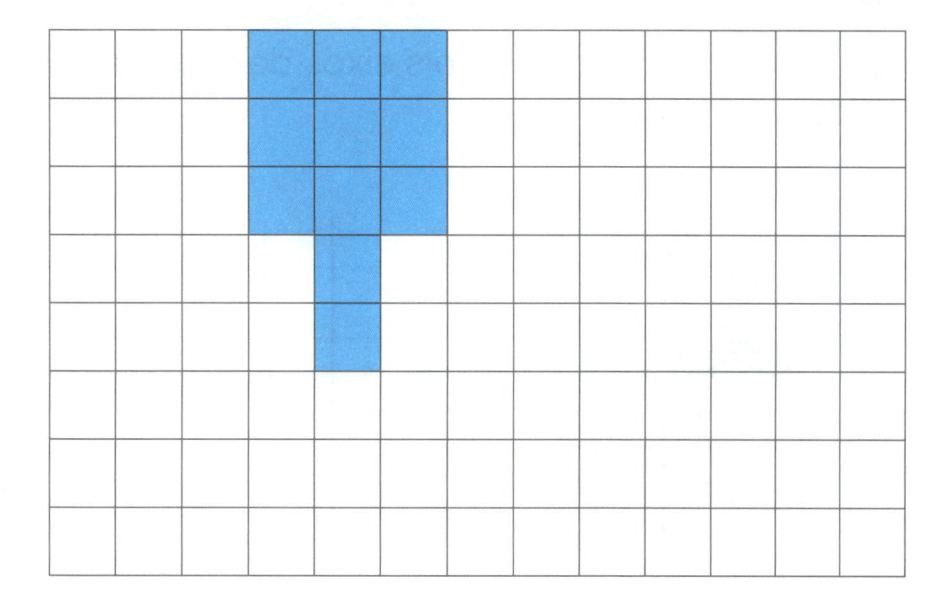

noventa e três

Unidade 11 Deslocamento, localização e simetria

4 Desenhe e pinte a simétrica da figura abaixo em relação ao eixo de simetria verde.

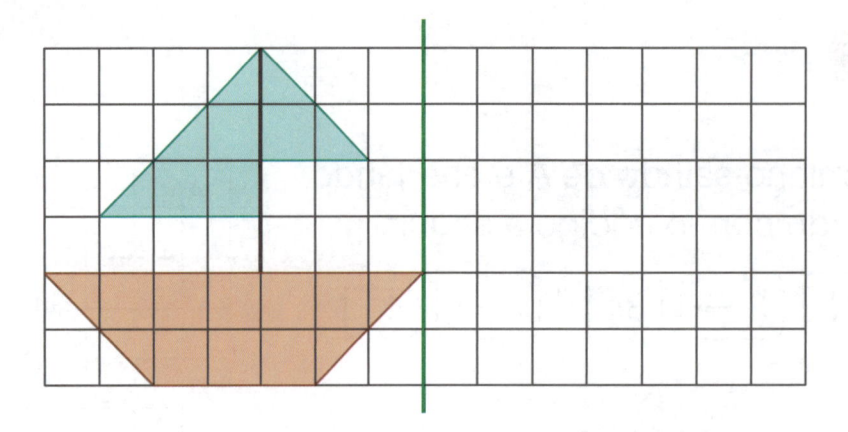

5 Complete a figura, considerando a linha verde como eixo de simetria.

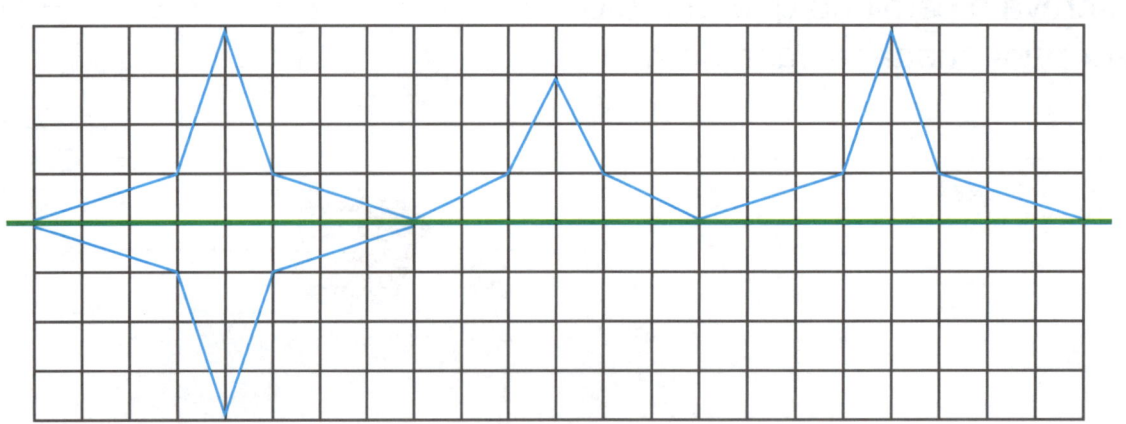

Desafio

Complete as figuras, considerando os dois eixos de simetria verdes (horizontal e vertical).

a) b) 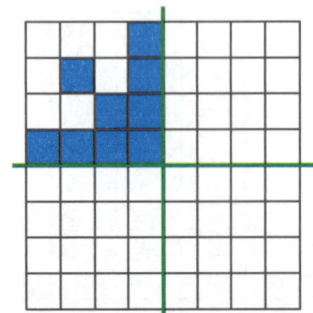 c) 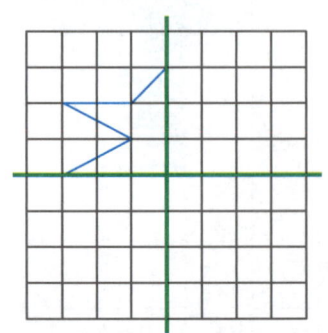 d)

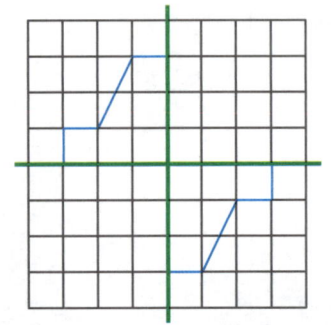

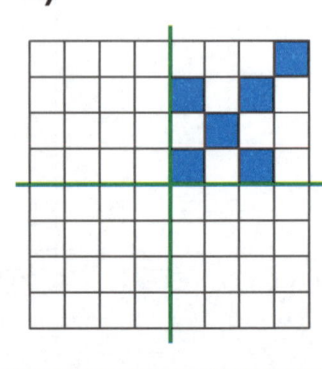

94 noventa e quatro

Unidade 11 — Deslocamento, localização e simetria

Tarefa 46

1 Pinte os quadradinhos de modo que a figura seja simétrica em relação ao eixo vermelho.

2 Observe as figuras abaixo e marque com um **X** as que são simétricas em relação à linha vermelha.

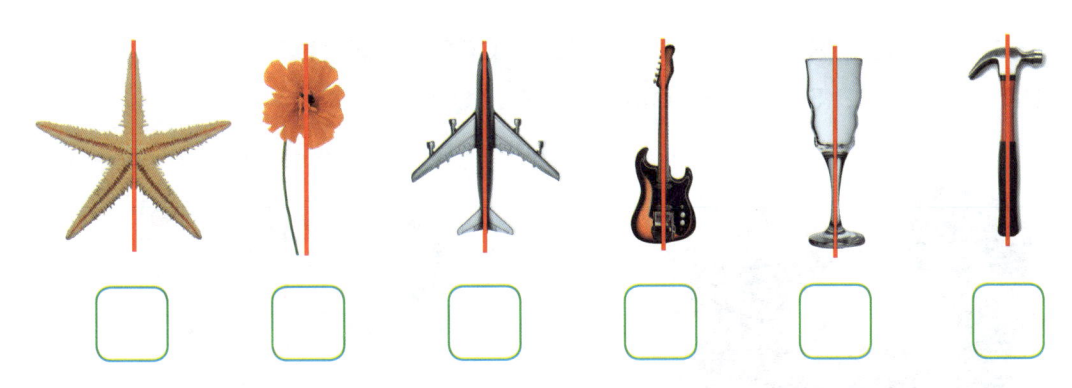

3 Sabendo que a chave de boca apresenta simetria em relação à linha vermelha, termine seu desenho. Em seguida, pinte o restante da chave.

A linha que corta ao meio uma figura que apresenta simetria é chamada de **eixo de simetria**.

eixo de simetria

noventa e cinco 95

Unidade 11 — Deslocamento, localização e simetria

4 Veja como está sendo pintado o mosaico abaixo. Descubra a sequência e continue pintando, de modo que a parte de baixo da linha vermelha fique igual à de cima.

A figura obtida é simétrica em relação à linha vermelha.

5 Observe a figura do tabuleiro e pinte as peças de maneira que a linha vermelha seja seu eixo de simetria.

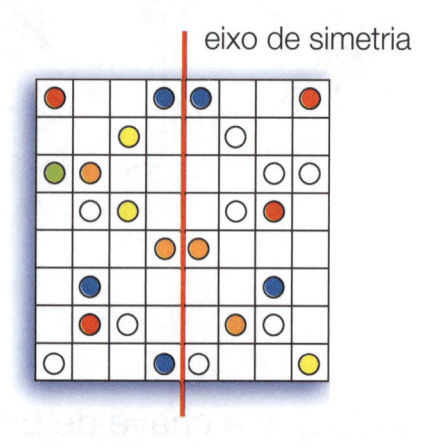

eixo de simetria

Desafio

Faça a outra metade das letras I, M e A. Em seguida, pinte-as.

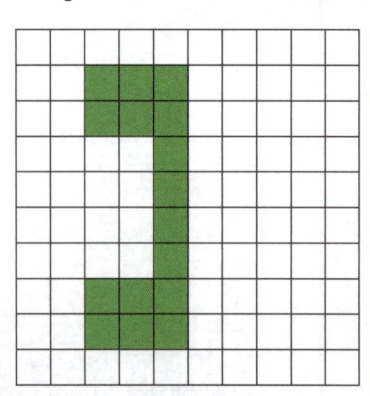

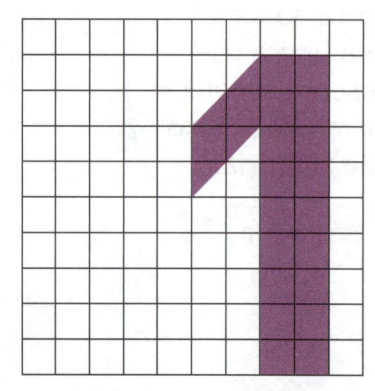

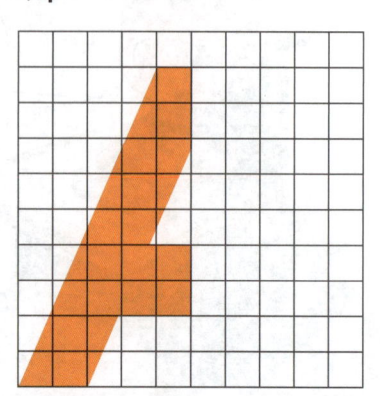

96 noventa e seis

Unidade 12 — Medidas de massa, de capacidade e de temperatura

Tarefa 47

1 Na balança ao lado, há três malas que possuem a mesma massa.
Qual é a massa de cada uma delas?

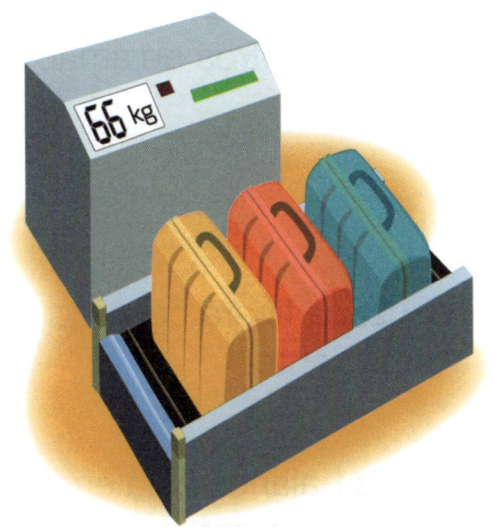

Cada uma delas tem _____ quilogramas.

2 Para encher um garrafão de água, André precisou despejar 5 vezes o conteúdo de uma garrafa. Se a garrafa tem capacidade de 3 L, quantos litros cabem no garrafão?

No garrafão cabem _____ litros.

3 Ernani comprou 15 quilogramas de carne de boi e 12 quilogramas de carne de porco. Ao todo, quantos quilogramas de carne Ernani comprou?

Ao todo, Ernani comprou _____ quilogramas de carne.

noventa e sete

Unidade 12 — Medidas de massa, de capacidade e de temperatura

4 Observe a embalagem de amaciante de roupas que Suzana comprou. Ela vai dividir o conteúdo em 4 recipientes de mesma capacidade. Se ela der 2 desses recipientes para sua prima, com quantos litros de amaciante Suzana ficará?

Suzana ficará com _____ litros de amaciante.

5 Se a balança está em equilíbrio, qual é a massa da gatinha Mina?

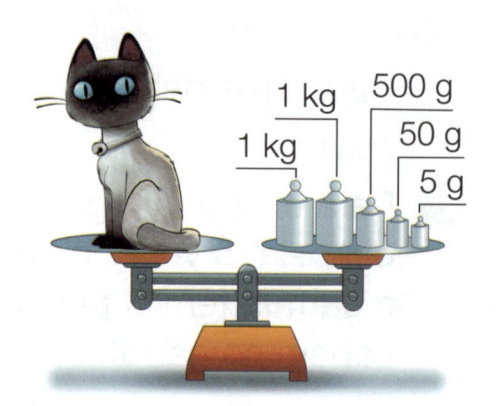

1 kg   500 g
1 kg   50 g
       5 g

A massa é de _____ quilogramas e _____ gramas.

Desafio

Com 6 quilogramas de tomate, Gérson fez 250 gramas de extrato de tomate. Com 12 quilogramas de tomate, quantos gramas de extrato Gérson poderá fazer?

Gérson poderá fazer _____ gramas de extrato de tomate.

98 noventa e oito

Unidade 12 — Medidas de massa, de capacidade e de temperatura

Tarefa 48

1 Observe e complete corretamente.

a) 2 kg = _____ g

b) $\frac{1}{2}$ kg = _____ g

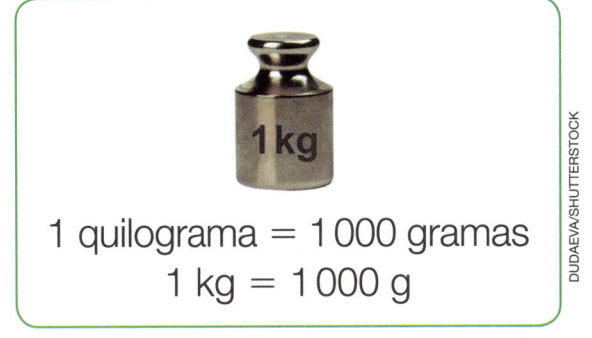

1 quilograma = 1 000 gramas
1 kg = 1 000 g

2 Marina compra 3 litros de leite por dia.

Em uma semana, quantos litros de leite ela compra?

Marina compra _____ litros de leite em uma semana.

3 Ana Paula comprou meia dúzia de garrafas de refrigerante. Cada garrafa tem 2 litros. Quantos litros de refrigerante Ana Paula comprou ao todo?

Ana Paula comprou _____ litros de refrigerante.

4 Quantos meios litros há em 9 litros?

Há _____ meios litros em 9 litros.

Unidade 12 — Medidas de massa, de capacidade e de temperatura

5 Um aquário tem capacidade para 846 litros de água. Quantos baldes de 9 litros serão necessários para encher (totalmente) o aquário?

Serão necessários _____ baldes.

6 Marque com um **X** o que pode ser medido em litros.

☐ O comprimento de uma mesa.

☐ A quantidade de leite de uma garrafa.

☐ A quantidade de gasolina que se coloca em um carro.

☐ A quantidade de pó de café em um pacote.

7 Irapuã comprou 8 latas de 5 litros de óleo e 6 latas de 2 litros de óleo. Quantos litros de óleo ele comprou ao todo?

Irapuã comprou _____ litros de óleo ao todo.

Desafio

Luísa fez 54 litros de suco para dispor em vasilhames de 4 litros, 6 litros e 10 litros. Quantos vasilhames de cada tipo ela poderá usar para colocar os 54 litros de suco?

Unidade 12 — Medidas de massa, de capacidade e de temperatura

Tarefa 49

1 Ana foi ao hospital e o médico usou o termômetro para medir a sua temperatura.

Você está com febre. Vou medicá-la e logo estará bem.

a) Qual era a temperatura de Ana? _____

b) Escreva por extenso a temperatura de Ana. _____

2 Pinte com a mesma cor os termômetros que estão marcando a mesma temperatura.

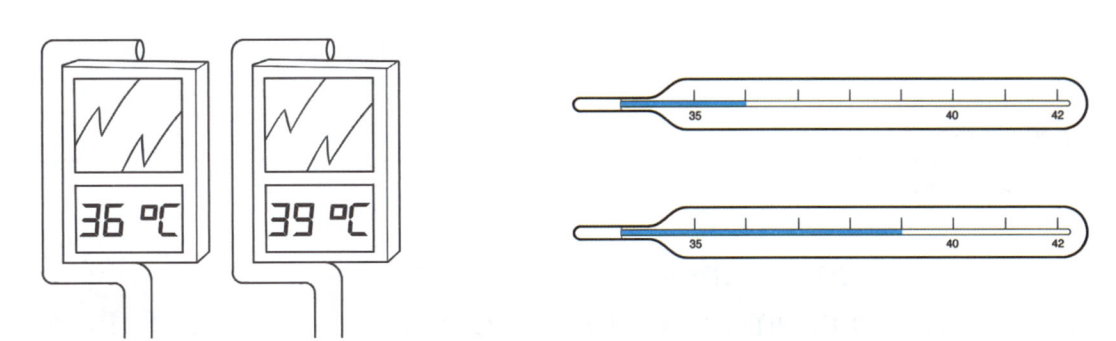

3 No início da manhã, o termômetro de temperatura de uma cidade marcou 8 °C; à tarde, esse mesmo termômetro registrou 22 °C. Qual foi a variação de temperatura apresentada durante o dia?

A variação de temperatura foi de _____

cento e um

Unidade 12 — Medidas de massa, de capacidade e de temperatura

4 Mariana comprou meia dúzia de caixas de suco iguais à da ilustração ao lado. Quantos litros de suco ela comprou ao todo?

Mariana comprou _____ litros de suco ao todo.

5 Júlio gasta 18 litros de tinta por mês. Quantos litros ele gastará em um semestre?

Em um semestre, Júlio gastará _____ litros de tinta.

6 Soraia comprou 3 potes de iogurte de 400 mililitros cada um. Ela comprou mais de 1 litro ou menos de 1 litro de iogurte?

Desafio

Lucas despejou 10 copos cheios de água, com 300 mililitros cada um, em um balde vazio cuja capacidade é de 4 litros. Quantos mililitros de água faltam para encher o balde?

Faltam _____ mililitros de água para encher o balde.

Unidade 12 — Medidas de massa, de capacidade e de temperatura

Tarefa 50

1 Observe a ilustração e determine a massa da caixa M.

140 kg	M
150 kg	160 kg	160 kg

900 kg

A caixa M tem massa _____ quilogramas.

2 A cada semana, a família de Isabel consome 4 kg de carne bovina e 5 kg de frango. Desta vez, ela comprou 16 kg de carne bovina e 20 kg de frango. Quantas semanas vai durar a compra que Isabel fez?

A compra de Isabel vai durar _____ semanas.

3 Observe as figuras abaixo e, com um colega, respondam às questões.

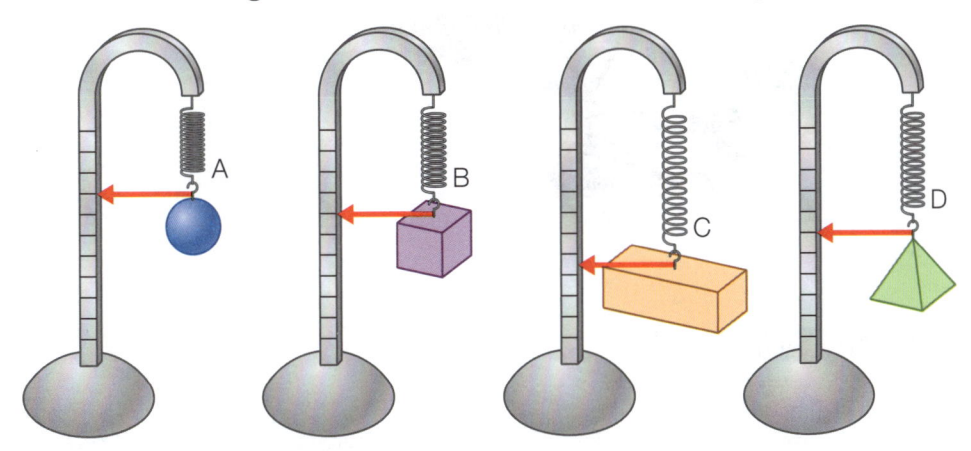

a) Qual é o objeto mais leve? _____

b) Qual é o objeto mais pesado? _____

c) Como vocês chegaram a essas conclusões?

cento e três **103**

Unidade 12 Medidas de massa, de capacidade e de temperatura

4 Um caminhão transportava 850 litros de suco de laranja. Descarregou 340 litros em um supermercado. Quantos litros de suco de laranja restaram no caminhão?

Restaram _____ litros de suco de laranja no caminhão.

Desafio

Na balança de dois pratos, podemos determinar a massa de um objeto quando houver equilíbrio entre os pratos, ou seja, quando eles ficam na mesma altura. Observe as balanças.

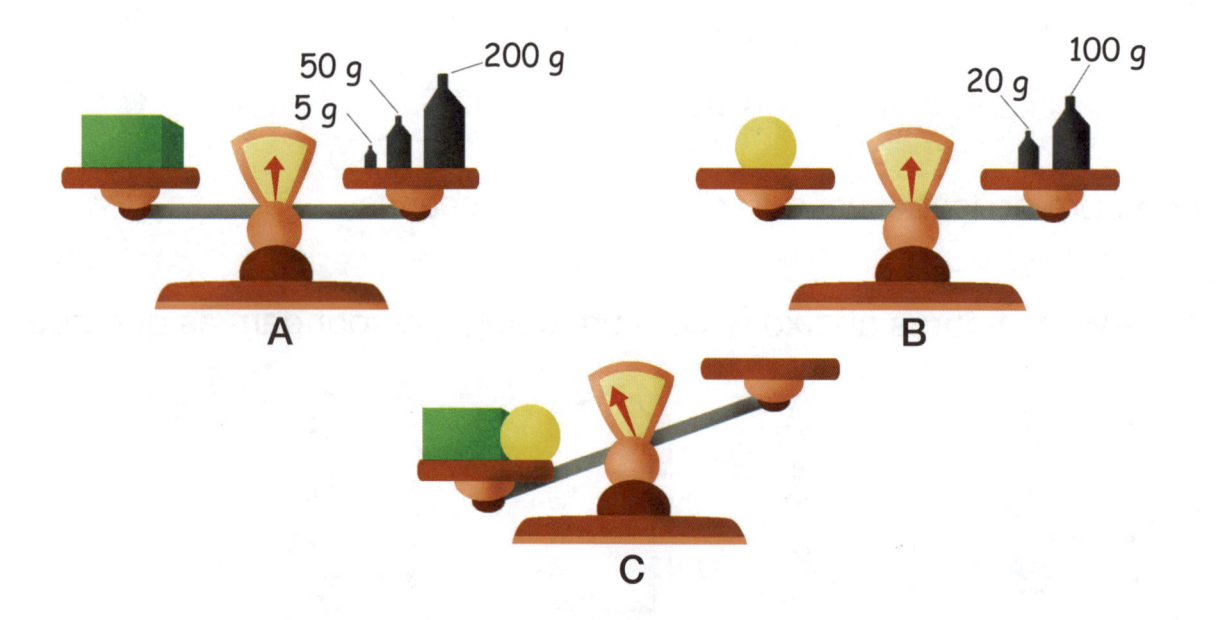

A

B

C

a) Registre a massa de cada objeto.

_____ gramas   _____ gramas

b) Que massa deve ser colocada no prato vazio da balança C para haver equilíbrio dos pratos? _____